Ludwig Weibel
Des Lebens Wohlgehalt und Stil
In dein Herz geschrieben

Books on Demand

Bibliographische Information der Deutschen National-
bibliothek. Die Deutsche Nationalbibliothek verzeichnet
diese Publikation in der deutschen Nationalbiblio-
graphie, detaillierte bibliographische Daten sind im
Internet über http://dnb.dnb.de abrufbar.

© 2016 Autor: Ludwig Weibel
Herstellung und Verlag:
BoD – Books on Demand, Norderstedt
ISBN 9783739206622

Ludwig Weibel

Des Lebens Wohlgehalt und Stil

Inhalt

Vorwort
5

Weihnachten 1974 - 2015
7

Prinzessin
69

Liederabend
85

Willkommen im Paradies
131

Vorwort

In diesem Buch sind einige Schriften vereinigt, die zwischen 1970 und 2015 entstanden sind. Es handelt sich um eine Erzählung aus der Jugendzeit sowie um die Weihnachtsgedichte, die ich während zweiundvierzig Jahren regelmässig an den Kreis meiner Freunde und Bekannten gerichtet habe.

An zwei Liederabenden sind Gedichte und Texte aus meinem Leben in der Partnerschaft mit Karin Müller vorgetragen worden. Karin hat mehrere Gedichte vertont, durch welche diese Anlässe eine vorzügliche Bereicherung erfahren haben.

Während den drei Monaten ihres Spitalaufenthaltes, nach welchen sie einem Gehirntumor erlag, erhielt sie von ihrem Geliebten einige Dutzend Briefe, die dieses kleine literarische Kunstwerk gebührend abschliessen.

LW

Weihnachten 1974 - 2015

Einleitung

Im Ton der Weihnacht Lieder singen ist besonders schön. Man legt das Herz in dieses Klingen, voll Vertrauen in verheissungsvolle Zeit und gibt dem Zug der Hoffnung freie Bahn.

Jedes Jahr von neuem weben sich Gedanken um die Stätte des Geschehns und finden die Essenz der Christnacht, welche reine Liebe ist des Gottes zu den Menschen.

Warm und innig wie die Kerzenflammen sollen unsre Herzen auch im Leuchten stehn und ihre Liebe in die Welt verbreiten. Jede Geste des Verschenkens, des Begreifens und Verzeihens ist von ihr ein Zeichen und bereitet helle Freude denen, die zu geben wissen.

Das Büchlein zeugt von vier Jahrzehnten des Beschauens der Holdseligkeit in den geweihten Tagen und offenbart dem Leser Bleibendes und Sich Entfaltendes in eines Menschenwesens Seele.

Es diene vielen zur Besinnung auf ihre eignen Kräfte der Wahrhaftigkeit vor dem was sie zum Guten führt, zur Heiterkeit und zur Beglückung im ereignisvollen Strom des Lebens.

Weihnacht 1974

Welche Saiten klingen in dir auf, wenn dich der Name Weihnacht anrührt? Erkennst du unter vielen Stimmen, die dich laut umschrein, die sanfte, liebliche der Freude? Willst du nun endlich still sein und dein inneres Gehör dem Ruf des Friedensfürsten weih'n?

Er kommt. Und mit Ihm ziehn Frohmut, Hoffnung, Zuversicht und alle guten Gaben in dein Herz. Das Hohe, Lichte, dem du angehörst, umhüllt dich; Ihm voran gehn Helligkeit und Strahlen und lassen dich das Lächeln Seiner Wangen, unbeschreiblich schön, erahnen.

Vernimm Sein Wort. Es ist der Tau, den deiner Seele Landschaft gern empfängt, der Regen den sie durstig aufnimmt und der Balsam der die Vielzahl ihrer Wunden heilt. Zu Ihm, dem Liebenden der Menschen, sollst du dich wenden und erfahren wie innig Er dir nah ist.

Erkenn' den Herrlichen von Gottes Thron, den Mächtig-Gütigen, des Arm dich sicher leitet, der alle Furcht besiegt; folg Ihm, dem Künder neuer Zeit, der vor dir hergeht in glänzender Unsterblichkeit; der Lichtgeborene will dich zur Sonne fahren.

Weihnacht 1975

Züngelnde Flammen schauen und
schweigen vor dem beseligenden
Spiel der lichten Kobolde
auf den ruhenden Scheitern

Sanft umfangende Wärme spüren
sich geborgen fühlen im befriedenden
Strom; inne werden der Fähigkeit
tiefen Empfindens

Den erlesnen
Geschichten lauschen die
uns das glühende Holz erzählt

Zum Leben erwachen
in Dem der uns liebevoll
leitet und in Seinem Atem erhält

Weihnacht 1976

In wundersamen Nächten strahlt den Weisen der Stern, derweil sie wandern, wandern unermüdlich dorthin wo das helle Licht sie führt. Von Unbill nicht beirrt, noch von der Dauer des erwartungsvollen Schreitens, folgen sie dem Zeichen der Beständigkeit weit durch die Lande und fühlen sich mit innigem Frohlocken näher schon dem Ziel. Was sie vordem nur ahnten, ist ihnen nun untrügliche Gewissheit, dass sie schaun das Antlitz, das ersehnte, ihres Herrn. Der Hoffnung Winde fachen ihres Eifers Glut zu loderndem Geflamm. Sie eilen, öffnend sich dem hehren Unbekannten, mit Begeisterung voran und sehn die Stadt und still den Stern und finden die geweihte Stätte. Voll Seligkeit, sich beugend, verehren sie dem Kind die Gaben, nicht dem Geschöpfe, dem Göttlichen das sich in ihm verbirgt, - nein, nicht verborgen hält - das ihren Herzen hell in Sonnenklarheit leuchtet und in Strahlenbann sie zieht. In Licht versunken ist ihr Sein; gefunden haben sie im Strom der Welt den Ort des Friedens, die Stelle des Beruhns, den Quell der Freudenkräfte die die Wurzeln ihres Wesens tränken.

Dieselben nicht mehr, wallen sie dann zu der Erdenheimat heim; ein unbeschreiblich Lächeln schönt das Bildnis ihrer Züge. Sie sind gestillt; was hell und klar in ihren Seelen ruht, ist ewiges Genügen.

Weihnacht 1977

Aus göttlichem Schoss
ist ein Retter geboren
schenkt Liebe so gross
geht kein Wesen verloren

Von Ihm strömt Erbarmen
zum Menschenherz hin
ach, könnt es erwarmen,
sein Heil liegt darin

dass auf es sich wendet
zum Vater ders schuf
und Leben ihm spendet
und christlichen Ruf:

Bring Mir deine Sorgen
von Talen der Welt
sei in Mir geborgen
dir bin Ich ein Zelt

Er ist nun erschienen
Gesandter des Herrn
will ewig uns dienen
still leuchtender Stern

Weihnacht 1978

Nach strengen Tagen ruhten die Hirten im Feld bei der wärmenden Glut; im weiten Rund, ein friedlich Flockenmeer, die Schafe, eines zum anderen gedrängt. Am tiefblauen Gewölbe bewegte sich in sanftem Gang das Nachtgestirn. Von seinen blassen Strahlen war das stille Land in Traulichkeit beschienen,
  Da - geschah das Unerhörte, dass, man wusste nicht woher es kam, ein Licht, ein blendend Leuchten sich erhob zu Häupten der Schläfer, dass sie erwachten von dem Glanz und sich die Augen rieben. Eine Stimme rührte ihr Herz, ein Wissen, sie sollten unverzüglich gehn zum nahen Stall, es sei ein Wunder dort geschehn. Und sie gehorchten, eilten nach der Weisung zu der Stätte und stiessen behutsam auf die angelehnte Tür. Laternenschein, ein Mann, die Frau, im Stroh das neugeborne Knäblein, nichts weiter.
  Und dennoch, eine nie gekannte Andacht ergriff die vielgewohnten Männer, eine Ahnung überwältigender Grösse des Geschehens, dass sie in Schlichtheit niederknieten und weihten dem Kindlein ihr Gebet.
  Und endlich brach in ihnen wie Fühlingsknospen Freude auf, die lichte Seligkeit durchströmte sie. Begreifend Lieb und Lieblichkeit, verwandelnde die Welt, verweilten sie am schönen Ort, erfüllt von dem Geschehnis, das so tief beglückend war in ihrem Leben.

Weihnacht 1979

Im Bildnis wundersamer Schöne
sehn wir in sternverklärter Nacht
das benedeite Paar, liebreiche Töne
umwerben es auf trauter Wacht

Es hegt des Kindleins süssen Schlaf
das engelgleich vor ihnen ruht
behütend was die Welt betraf
der Menschenvölker höchstes Gut

Worin liegt wohl dies Bildes Sinn?
In ihm, so mag uns hell erscheinen
strömt Gottes Liebe zu uns hin
ihr Wesen möcht uns all vereinen

Wo sie das stille Herz bewegt
lebt reine Güte im Hienieden
wenn leis sich ihre Flamme regt
erfährt die Seele Seinen Frieden

Weihnacht 1980

Was zählt in den Tagen der Feste
mitten im Lichterglanz
ist jene verbindende Geste
die alles verwandelte ganz

Es ist des Verzeihens Gedanke
der willig dem Herzen entsrömt
ein unmissverständliches Danke
das lächelnd das Leben verschönt

Es leuchtet in freiem Verschenken
der Gabe die nimmer uns reut
die nur für den andern wir denken
zum Spenden herzinniger Freud

Und endlich waltet der Friede
in Reichen in denen wir sind
die menschenversöhnende Liebe
die schenkt uns das göttliche Kind

Weihnacht 1981

Wir alle ziehn den Weg nach Bethlehem
in finstrer Nacht zu schauen was wir gelten
und ob wir das von uns Geforderte bestehn
in unsern vielgestalt'gen Welten

Es leuchtet jedem Menschenherz ein Stern
dem mag es frohgemut entgegeneilen
und scheint zuweilen er unendlich fern
wird uns ein innres Leuchten heilen

Das aus dem Weihnachtsfrieden strahlt
den wir zur Gnadenzeit empfangen
und der ein Lächeln auf die Züge malt
dem der zutiefst in sich gegangen

Weihnacht 1982

In Demut empfing uns Maria den Sohn
dass das Wort mit dem sichtbaren Leib sich umhülle
und unter dem Menschenvolk brüderlich wohn
des Sinn sich von neuem mit Hoffnungen fülle

So klein wie ein Same im Kripplein es ruht
das Geschöpf dessen Liebreiz wir freudig verehren
doch wächst es im Geiste zur strahlenden Glut
deren segnende Wärme wir sehnlich verzehren

So sehn wir in dieser bedeutenden Zeit
in dem Kinde das himmlische Heil uns erspriessen
und ist unser Herz seinem Lichte geweiht
darf es hier schon die innigste Freude geniessen

Weihnacht 1983

Besonders gilt in diesen Tagen
was Christus vor uns hingestellt
mit Seinem liebevollen Sagen:
Ich bin das Licht in dieser Welt

Wenn Myriaden Kerzen strahlen
sich spiegelnd in der Augen Glanz
in festlich ausgeschmückten Saalen
verkündet ihrer Flammen Tanz

Was leuchten soll im Grund der Seelen
und sich verströmen Tag für Tag
bis alles was wir Menschen fehlen
das Liebeslicht erhellen mag

Das uns der Christ zum Feste spendet
inmitten frosterfüllter Zeit
und Wärme zu den Herzen sendet
die uns dem Weihnachtsfrieden weiht

Weihnacht 1984

Sieh doch, mein Herz, wie alles Leben
mit weisen Händen an dir schafft
um dir den feinen Schliff zu geben
der deines Schicksals Strahlen rafft

Und sie erfunkeln lässt im Kelch der Güten
der wie Kristall in deinen Tiefen west
in dir das Unvergängliche zu hüten
damit du in des Daseins Fest

Dich selbst erkennst in deinem Werte
und königlich im Leben stehst
bis, als der grosse Unversehrte,
du still hinüber zu den Göttern gehst

―――――――――

Weisst du was das Beste wäre
für die Menschen dieser Zeit
die in der Geschäftigkeit
plötzlich schaun die innre Leere

Horchst du, wenn ich dir erkläre
dass noch heute weit und breit
nichts vom Hunger dich befreit
als die übervolle Ähre

Die dir Christus täglich spendet
aus des Gottes reicher Saat
Seinen Frieden dir versendet

Ew'ger Weisheit lichten Rat
der der Menschen Wege wendet
in der Liebe Wundertat

Öffne dich dem Himmel, Seele
in den Tagen vor dem Fest
horch dem lieblichen Befehle
den der Herr der Welt erlässt

Sich zu freuen auf die Stunde
die so Wunderbares bringt
dass von Mund zu Mund die Kunde
über alle Lande dringt

Der Erlöser ist geboren
im erstrahlend hellen Licht
unsrer Menschlichkeit erkoren
die Ihm Freudenkränze flicht

Lass in Demut Sein Erscheinen
mit der Seelengaben Zahl
dreier Könige vereinen
in der Liebe Sternensaal

Weihnacht 1985

Warum wir freudig uns erheben
das Kind zu feiern in der Nacht
sei hier, im leis Gedanken Weben
beim holden Kerzenschein bedacht

Und wächst uns das Geweb der Stunde
zu schlichter Schönheit still heran
erfahren wir in Herzens Grunde
was Christus uns bedeuten kann

S'ist lichte Hoffnung, im Verzagen
im Bild der Lieblichkeit ein Trost
und dann, mit Ihm, ein höchstes Wagen
am Kreuz der Welt, um das das Schicksal tost

Erst wenn du alles überwunden
was lockend dich zur Erde zieht
indem dir, innig Ihm verbunden,
der Schritt zur Menschlichkeit geriet

Wirst du in jubelndem Frohlocken
zur Nacht dem Weihnachtskind dich nahn
und es bis zu den goldnen Locken
mit liebevollem Blick umfahn

Und senkst du dich im trauten Bilde
ein Seelenkönig, zu ihm hin
von ihm eratmend jene Milde
die leiht dem Leben neuen Sinn

Lässt sie dich Paradiese finden
im kargen Erdentale schon
und reinster Liebe Kränze winden
vor Gottes lichtgebornem Sohn

Weihnacht 1986

Engel schweben auf und nieder
schweben durch den nächt'gen Raum
heben sich im Prunkgefieder
federleicht durch meinen Traum

Schweben um die heilge Stätte
wo das Kind geboren ist
das die Welt erlösen täte
unser Herre, Jesu Christ

Und vom Schweben lebt die Stille
die die Engelschar durchflicht
lebt vom feinen Geistesweben
beim besänftigenden Licht

Das von einer Kerze strömet
deren Schein das holde Paar
wie des Kindes Schlaf verschönet
uns zur Freude, Jahr für Jahr

Weht die Stille, Well' an Welle
durch die schöne, blaue Nacht
weht durch meines Herzens Helle
vom Unendlichen entfacht

Das durch meine Träume ziehet
wenn der Welt erstarrter Schein
vor dem Freudenvollen fliehet
das die Seele insgeheim

In der trauten Nacht erfüllet
währenddem der Duft der Zeit
sie so feierlich umhüllet
wie die lichte Ewigkeit

Weihnacht 1987

Weihnacht ist das Sich-Verschenken
an eine traute Menschenwelt
ein Sinnend an den andern Denken
und was ihm inniglich gefällt

Es ist die Rose im Erblühen
für ein geschwisterliches Herz
ein Wort, das liebend uns gediehen
zu lösen tiefempfundnen Schmerz

Die Weihnacht will uns leise sagen:
geh in der Stille doch zu Dem
der uns in seinen Erdentagen
liess Gottes reine Güte sehn

Sie weckt in uns ein stetes Hoffen
auf eine freudenvolle Zeit
und macht die scheue Seele offen
der lichterfüllten Ewigkeit

Ave, Ave, zwischen Schwingen
seh ich dich und seh so fein
mir die Freudenbotschaft bringen
über Jesu Christi Sein

Fühl mein Herz im Leibe springen
ob der Botschaft klar und rein
und die Seele hör ich singen
seliglich in sich hinein

Wie verwandelt sind die Tage
seit ich dich und dich allein
wissend unterm Herzen trage
ganz durchströmt vom Seligsein

Dessen Hauch die Zeit erfüllet
und mich um und um und um
in den Glanz der Freude hüllet
der Unendlichen darum

Fühl ich mich so hoch erhoben
wie die Stern' am Firmament
fühl' mich ganz mit Dem verwoben
dessen Antlitz niemand kennt

Und verweil in Seinem Ruhme
lauschend, um mit Ihm allein
im beseelten Heiligtume
wunderbar gelöst zu sein

―――――――――

Du, liebenswerteste der Frauen
in deren Schutz wir alle stehn
hilf uns, wenn wieder voll Vertrauen
wir deine Freundlichkeit erflehn

Du trägst des Himmels lichte Krone
dich loben Augen, Herz und Mund
und wenn du lächelst auf dem Throne
wird in uns eine Welt gesund

Weihnacht 1988

Hab ich wesenhaft verstanden
was ich in der Seele fand:
frei ist sie von allen Banden
wenn die Liebe zieht ins Land

Sieh, das Licht von tausend Kerzen
geht ihr königlich voran
leuchtet in die Menschenherzen
bis sie ganz für sich gewann

Was sich nach Erlösung sehnet
und in Freuden hüllt sie ein
alles was noch leidvoll tränet
mit dem milden Flammenschein

———————

Ich harre still an Deinem Thron
die Worte zu erlauschen
die sich im wachen Geist davon
voll Güte mit mir tauschen

Und bin ich jung und bin ich alt
ich weiss nur, dass ich tanze
weil mich Glückseligkeit durchstrahlt
von unermessnem Glanze

———————

Der Vater spricht: Ich bin das Wort
mit dem Ich Mir enteile
und in die weite Schöpfung dort
mich väterlich verteile

Er sendet den geliebten Sohn
den sie dereinst verhöhnen
von Seiner Weisheit lichtem Thron
die Menschen zu versöhnen

Und sendet in der stillen Nacht
die Liebe auf die Erde
dass dir, im Herzen angefacht
das Licht des Friedens werde

———————

Frieden, unermesslich rein
ist in hellen Wogen
im beseelten Stillesein
mir ins Herz gezogen

Frieden in der weiten Welt
will mein Herz verbreiten
wenn der Schimmer Einzug hält
lichter Seligkeiten

Weihnacht 1989

Dem lauschenden Wachsein in der Nacht
verdankten die Hirten, dass sie
den Gesang der Engel hörten.

"Wir verkünden euch eine grosse Freude",
vernahmen sie in ihren Herzen
und sie brachen auf, das Kind zu sehn.

Können wir noch lauschen,
du und ich, in stillen Nächten?
Hören wir - wie das Gemurmel ferner Quellen –
was der Seele klingt durch's offne Ohr?
Ist Weihnacht nicht, wenn wir im
Ruhn Glückseligkeit empfinden?

Das Christuslicht tritt strahlend
aus der Finsternis hervor
und hilft uns, in der Welt
den Freudenweg zu finden.

―――――――――

Seine Gleichnisse
vollziehen sich
im grossen Schweigen

Der inkarnierte Ewige
macht sich zur Liebessonne
im Erstrahlen

Sich im Menschen zu erkennen
ist der Akt, mit dem Er
Seine Schöpfung krönt

Weihnacht 1990

Das ist die Art, in der sich Gott verschenkt
im Strom der Seligkeiten

Du bist am Quell der lautern Liebe
wenn du Mich berührst

Erwache in die Wirklichkeit
der Weltenharmonie

Ich stärke dich in deinem Tun, sowie du
Mich gewähren lässt im Geisteswirken

In Mir bist du dem Ungemach der Zeit
nicht preisgegeben

Vollendet ist, mit was
Ich dich begabe

Komm, lass dich vom Geflüster
Meiner Gegenwart verklären

Lass dich vom Tageslicht
nicht blenden

Die Beschauung ist das Tor
durch das du ins Erkennen gleitest

Empfange, was der Himmel dir vergibt
an deines Herzens Hofe

Was du zutiefst erkennst, erweist sich
als das Schöne in sich selbst, im Leben

Ich habe deines Herzens Statt
zum Freudentempel auserwählt.

Deine Mitte ist die Mitte Gottes
im Erfahren

Kein Ort, keine Zeit, nur
das Geheimnis azurenen Schweigens

Ich spreche durch den Menschenmund
Geheimnis um Geheimnis
in die Erdensphären

Das Mahl der Liebe
breit Ich vor dir aus
für Ewigkeiten

Von Mir durchdrungen bist du, Seele
makellos und schön.

Deine Reinheit zieht dich sanft empor
in Meine Höhen

In deiner Liebe ist Unendlichkeit
zu spüren

O Tag der Freude, wenn du
Mich erkennst, in deinen Tiefen

Ich überströme dich mit allem
was die Seele sich ersehnt

Ich überschütte dich mit Freuden,
wenn du nur den kleinen
Finger einer Herzensbitte zu Mir rührst.

Deine Hoffnung will Ich mit dem
Bruderkuss der Göttlichkeit belohnen

Gelassen schaust du in die Runde
wenn Mein Flügel dich erhebt

Im Allbewusstsein winken
Freiheit, Licht und Seligkeiten

Verhalten klingt in deiner Seele
was die Himmel jubeln
in der Sphärenharmonie

Weihnacht 1991

Wie kann Ich dir die
Liebe eines Gottessohns
erweisen

dich zum ersehnten
Lichte führen
in des Lebens Saal

von keiner
Sorge mehr
getrieben

Du darfst mit Meiner Seele
im Vertrauen
Zwiesprach halten

Ich vernehme
was du glaubend sagst
im Unergründlichen

In Meine Tiefen
stürze dich im Jubel
des Verstehns

Ich rette dich
ins ewige
Versöhnen

Meiner Stimme
Klarheit spricht den
Seelenspiegel an

Was gedenkst du
Meiner Hilfe
anzubieten?

Du kannst von Mir
der Wahrheit Jugendglanz
erwarten

Die Treue
ew'ger Bruderschaft
erhalt Ich dir

Ich will dein Wesen
vom Arom der Liebe
trunken sehn

Vergib dich
an des Himmels
hingehauchtes Werben

Den Seelenraum
erfühl im
glitzernden Azur

dein Sein
mit Zärtlichkeiten
zu beweinen

Des Weilens ist
kein Ende in der
Engelschwingen Flaum

Verbirg dich
in die Wonnen
ihrer Näh'

der Sanftmut
des Geweihten
hingegeben

Ich bette dich
ins singende
Erlösen

Der Jubel der
Vermählung
fasst dich an

und lässt die Seele
mit der Sehnsucht
Freuden tanzen

Wir finden uns
in Seinem
Strahlenmeer

vom Glanz
des Liebesstroms
umflossen

selig seiend
ohne
Wiederkehr

Weihnacht 1992

Ich giesse dir die
Schönheit Meiner Treue
ins Erleben

Wunderbare Wege
führ Ich dich
in deinem Bangen

Siehst du den
Stern der Weisung
über deinem Haupte stehn

Versöhnlichkeit will Ich
dich lehren mit den
Tagen deiner Müh

Es ist der Quell der
Freude schon in
ihrem Schoss verborgen

deiner Seele
Hingegebenheit
zu laben

Ich seh dich
Meiner Liebe
Lieder singen

entfaltend
was die Zartheit
dir erschuf

dich in die
Seinsgeborgenheit
zu heben

Dort Bin Ich
lächelndes
Behüten

Meine segenvolle
Näh sollst du
erfahren

in
unendlichem
Entzücken

Deines
Strebens
Unterfangen

hab Ich
mit dem Strahl
versehn

namenloser
Güte
im Vereinen

Deinem Wesen
eingesenkt Bin Ich
Verströmen

reiner Lebenskräfte
in dein
Weitergehn

neuen Himmeln
offen
im Erblühn

Bund der
Sorge um
die Meinen

allen
Bin Ich
zugetan

wo sie
Mich
ersehnen

In den Nachtmahr
giess Ich
schweigend

Meiner
Liebe
lichten Strahl

Aufgeschlossenheit
zu
zeugen

Wo Ich walte
waltet
Frieden

in der
Seele
Seinslust

Meinem
Friedensruf
gemäss

Den Hang zur Freude
lass Ich aus dem
Herzen fahren

alles überstrahlend
was
Ich Bin

in deinem
hingegebnen
Wesen

Lauschen
seh Ich dich
dem Feinen

das Ich
deinem Sein
verleih

im
beglückenden
Umfangen

Lohn
des schweigenden
Erlebens

Meiner
Weise
des Verstehns

aller
Weltendinge
im Erfühlen

Weihnacht 1993

Spürst du
Meine Seligkeit
im Schöpfungstal

In Blumenkelche
lass Ich Maienschönheit
fliessen

in Jahreszeiten
Meiner Rhythmen
lebensfrohe Zahl

Der Strauch erblüht -
und ohne es
zu wissen -.

Die Amsel
intoniert ihr
wohlgefällig Lied

dem
Morgendämmerlicht
entgegen

Nach reifem Herbste
ruht
das Überfliessen

Die Nächte
weisen uns
Besinnung zu

und lassen
unser Seelenlicht
erscheinen

Advent ist
Sehnsucht
nach Erfüllung

Weihenacht
Triumph der Helle
über aller Not

und Wärme
in der Liebe
seligem Verströmen

Ich komme
- spricht der Meister –
zum Vereinen

Du bist von
Erd *und* Himmel
angetan

in
unermesslichen
Bezügen

Sag leis
ins Schweigen:
Hilf mir sein

in Zeit und
Ewigkeit
dasselbe Wesen

Lass mich erkennen
dass ich mit Dir
eins bin

Eins mit der
Weisheit
erhabenem Strahlen

eins mit dem
Glück das die
Sterne verwehn

und gesammelt im
innigsten
Lieben

Lächeln
lieben
gut sein

heldenmütig
kämpfen
um das Licht

im
allumfangenden
Versöhnen

Weihnacht 1994

Eine Botschaft
an die Menschen
ist Mein Licht

Was sie sich erträumen
bringe Ich
den Herzen nah

im
warm gefühlten
Weihnachtswehn

Prophet der
Stille
des Gemüts

ist
Christus
uns geworden

in der
Seelen-
sehnsucht

Herold
aller
guten Gaben

die Geburt
der
Zuversicht

im
Lächeln
des Vertrauens

Ich mache
euch
zu Auserwählten

deutet
Er
in Seinen Gründen

Wacht und
seht was Ich
dem Weltenlauf getan

Die Gemüter
will Ich
euch entzünden

dass ihr
nach
Vollendung strebt

im festen Wollen
in der
wohlgesetzten Tat

Wie Geschwister
sollt ihr
euch benehmen

allerorten
auf der
Lebensspur

die Menschenwürde
zu
verbreiten

Seht das Rechte
und
vollzieht es

ohne Unmut
ohne
leichte Wahl

im
stark geword'nen
Schreiten

Offenbar
ist alles was
dem Sinn vonnöten

Mein
Gerechtsein
fiebert in der Luft

die
Geliebten
zu erlösen

Feiert
Meine Ankunft
im Erwecken

eurer
Herzensfreude
voller Gluten

strahlend
allem
Wesenhaften zu

Seid mit
Mir verwandt
im Sein

Fasst
ins Bewusstsein
was Ich Bin

und sehet
was ihr seid in
Meinem Überfliessen

Trinkt
den Kelch den
Ich euch reiche

Stärkt euch
an der
Hoffnungsflut

die in
die Seelen strömt
an hochgeweihten Tagen

Selig sind
die an
Mir hangen

wie die
Beere
an der Rebenstaude

voll von
Meiner Süsse
wunderbar

Weihnacht 1995

In der Stille
des Gedenkens
wird uns offenbar

wie viel wir noch
im Lebenslauf
zu lernen haben

bis reine Freude
uns durchströmt
von Tag zu Tagen

Was die Weihnacht
uns bedeutet
fragen wir im Schweigen

Ist's die Herzlichkeit
die wir dem Hilfedürftigen
entgegenbringen

das Verstehn
voll Liebe
derer die uns nah sind

Ja, ich glaub es wohl
und werfe ein
dass sich die Menschenwesen

in den Tiefen
des Empfindens
wunderbarerweise gleichen

wie Geschwister
schwingend
in derselben Melodie

Was der Weltgeist
von uns fordert
ist Beständigkeit

im Schreiten
auf den Pfaden
hoher Kühnheit

auf uns selbst gestellt
vertrauend
Seinem Rat

Freie sind wir nur
wenn das Gewissen sich
ins Göttliche versenkt

und
Seines Willens Zug
erkennend

sich
dem Lebendigen
vergibt

Wachenden Bewusstseins
sollen wir
Geduld und Stärke

in die Schalen
des Vollbringens
legen

ohne Zögern
in der Wirkkraft
glänzender Ideen

Der Christgeist
will in uns
die Liebe zeugen

das Verbindende
im
schroffen Tal

der
Myriaden
Gegensätzlichkeiten

Er will uns
von der Eigensucht
erlösen

die uns in
wilde Seelennot
verstrickt

im Spiel
des täglichen
Gebarens

Öffne dich
dem Licht aus
Meinen Gründen

deutet Er
in sanftem
Überreden

unablässig
durch die Wiederkunft
der Zeiten

Wer sich wandelt
wirkt in
Meinem Sinnen

Wer die Zeichen
seines Schicksals
aufnimmt

als Gesandter
Meiner Güte
legt die Wege bloss

die zu
Meinen Paradiesen
führen

mitten in der
Welten-
unrast

die dich heilen
von so manchem
Wahn

und dir Seligkeit verleihen
dass du
wie geblendet stehst

in der Fülle
Meines Strahlens
in der Sonnenwärme

Meines
alldurchströmenden
Belebens

Weihnacht 1996

Licht
vom
Lichte

will
ich
tragen

dir
ins Menschenherz
hinein

deines
Sehnens Glut
befragen

nach
dem freudevollen
Sein

in
der Gottessonne
Strahlen

Weihnacht
will
wie Brot und Wein

in
den stillen
Menschentalen

neuerHoffnung
Nahrung
sein

Was
die Geister
sich ersonnen

im
Äonenlauf
der Zeit

schwebt
um uns
im Sternenrund

und
erfüllt
mit Göttlichkeit

aller
Menschenseelen
Grund

leitend sie
durchs
Erdenleben

Christus
will uns
Trost vergeben

im
erhabnen
Liebesbund

dem Er
unser Sein
geweiht

In die Krippe
steigt
Er nieder

als
Gesandter
hellen Wehns

unser
Herz
emporzuheben

In
der Mitte
des Geschehns

opfert Er
sein
Götterleben

für
das ganze
Menschenheer

Verlorene
sind wir
nicht mehr

im
geschwisterlichen
Weben

in
den Welten
um uns her

Lass
der heil'gen Tage
Zünden

neuer Liebe
Flamme
sein

dem
Lebendigen
zu dienen

Strahlend
ist Er uns
erschienen

mitten
in die Nacht
hinein

um
die Menschen
zu versöhnen

Licht
vom Lichte
sollst du sein

Spender
des
vollendet Schönen

in der
Gottheit
Wiederschein

Weihnacht 1997

Der Liebende durchsonnt
mit Seinem Lichte
alles Leben

und wird
Sein Werk
im Zeitenlauf

getreulich
an der Menschenwelt
vollenden

Dem
Geschehnis der Geburt
sind wir verbunden

als Wandernde
zum
wahren Licht

in dem
die Wunder Seiner Weisung
sich erfüllen

Was wir an Güte
Tag für Tag
verströmen

bringt uns
dem Friedevollen
nah

das wir sosehr
im Seelensein
ersehnen

Dem Sinnen folgt die Tat
dem Weilen an der Krippe
das Erheben

zum Aufbruch
in ein neu entfachtes
Wollen

eine
weltumspannende Gebärde
reinen Mitgefühls

Das Menschenvolk
ist hier versammelt
als e i n Wesen

das im
befreienden Erkennen
höhwärts strebt

ins
Bewusstsein
der All-Einheit

Dies Bild
verleiht uns Kraft
im Vorwärtsschreiten

sein Zauber
hält uns
auf der rechten Bahn

zum
freudestrahlenden
Versöhnen

Die Liebe ist
ein
Angewöhnen

ein Langen
nach dem
wahrhaft Schönen

das
verborgen
in uns blüht

Von Mensch
zum Menschen
soll das Lied ertönen

das
ewiger Heiterkeit
entspringt

in
wundertätigem
Bewegen

Es liegt
im
weihnachtlichen Weben

im
feierlichen
Kerzenscheinen

ein
Verbinden
licht und schön

fein
gefühltes
Sich-Vergeben

an die
Lieblichkeit
des Festes

seelenvoll
und
wahr

Gläubigkeit
im
stillen Weilen

Reinheit
der
Gedanken

der
geneigten Seele
offenbar

Dort geschieht
das Wunder
der Erlösung

wo
die Menschen sich
voll Güte

im
geschwisterlichen Tun
Glückseligkeit verschenken

Weihnacht 1998

Der
Lichtgeborene
will uns

zur
Evolution der Liebe
führen

weltennah
und
weltenweit

in
Seiner
wunderbaren Weise

mit
dem Leben
umzugehn

Es ist fürwahr
das
Anerkennen

der
erhabensten
Gesetze

wenn wir
Seiner Redlichkeit
vertraun

und uns
zu Seines Reiches
Reichtum

im Befreien
freudevoll
erheben

Seiner Herzensgaben
ganz gewiss
beginnen wir

uns zu verschenken
an die Menschlichkeit
der vielen

und
erwecken so
den Freudenklang

der Heiterkeit
der Zuversicht
und

des Gerechtseins
in den Seelen
der mit uns Vereinten

So ist
was wir tun
ein Abglanz

Seiner Taten
der die Welt verändert
und behutsam

in den Stand
des seligen Vollendetseins
erhebt

Weihnacht 1999

Aus Ewigkeiten
in die Zeit geboren
leben wir wie Etablierte
unbekümmert vor uns hin,
als ob es nur dies eine,
vielgepriesne Leben gäbe

Um uns
drängt sich das Geschehen
immer hektischeren Szenen zu
im selbstgefälligen System von
Raffen und Geniessen

Dass wir eine Seele haben,
merken wir erst,
wenn wir
ob dem Weltgepränge
unser wahres Glück
nicht finden
und wahrhaftig nicht
im all so viel ersehnten,
inneren Frieden ruhn

Nun, was soll's.
Es drehen sich die Monde
blitzgeschwind
um's kunterbunte Jahr
und bringen uns,
eh wir's bedacht,
Advent und Weihnacht
wieder

Wie wär's, wenn wir uns
diesmal, wie zu einer Wende,
als Widerspenstige
in den Mahlstrom des
Vergänglichen stellten,
um dann bewusst
den weiten Weg zurück ins
Ewige zu gehn

Das will nichts andres heissen,
als dass wir täglich uns
um Wissen und Erkennen dessen,
was wir wirklich sind, bemühn,
indem wir unser Denken, Fühlen, Wollen prüfen
und nur das Alleredelste und Reinste noch
im wachenden Bewusstsein dulden

Damit führen wir
dem Sinn der Weihnacht
liebend uns entgegen:
Als Lichterfüllte,
Lichtverströmende, die sich
und ihre Welt zum Rechten führen, um endlich
als Beseligte im
Sein zu weilen,
was unsre höchste Würde ist
und unser wonnevolles Ziel

Weihnacht 2000

Ein Kätzchen zwängte
seinen Kopf in eine Büchse,
um sie leer zu lecken

Darauf rannte es verzweifelt
her und hin und konnte sich
vom unheilvollen Überzug
nicht mehr befreien

Ein guter Mensch sah dies.
Er fing die Katze ein,
nahm ihr die Büchse ab
und liess sie in
die Freiheit laufen

Gar mancher Mensch
zwängt seinen Kopf in Dinge
die ihn dann verfolgen
und schlussendlich
zu verderben drohen

Weiss er sich von
einem Höheren umgeben,
das sein Wesen schuf,
so wird Es ihm
auf seine Bitte hin
auch helfen
wieder Freiheit zu gewinnen
und wunderbare
Lösung des Geschicks,
das ihn sosehr verwirrte

Er wird erahnen
dass ein guter Geist

das Heil der Menschen will
und dass die Weihnacht
dieses Geistes Weltgeburt bedeutet,
der wir so viel
zu verdanken haben

Herzensfreiheit
als Belohnung guter Taten
schenkt Er uns
und immerfort vermehrt Er
das Vertrauen,
das wir zu Ihm haben

Das ist wie die
lichte Morgenröte
für die Seele schön
und will das Leben aller Wesen
zur Vollendung führen
in Gelassenheit und Frieden

Weihnacht 2001

Wie tritt
das Weltgeschehn
an mich heran,
sollst du dich fragen

Was für Ängste
schlagen mir entgegen?
Bricht die Unruh
meiner Seele Gärtlein auf,
es zu verwüsten?

Was hab ich von
der Weihnachtszeit,
wenn sie nicht

eine Stätte stillen Leuchtens
mir bereitet

Wenn ihr Sinn
sich nicht als Weihegabe
senkt in mein Gemüt
und meines Hoffens
Zuflucht ist
im Weltenbrausen

Ja. Ich darf wie eh und je
im rechten Tun
den Aufbruch sehn
zu Schönheit, Menschenfreundlichkeit
und Harmonie in
meinen Tagen

Darf dem Vollkommenen
entgegenstreben, wo ich
meine Lebensdinge
liebevoll verwalte
und gerechterweise
vorwärts geh

Was immer kommt
ist meinem Bitten zugetan
und ist Geschenk des Himmels
an ein gläubig Herz
im Lichte des Bewährens

Weihnacht 2002

Im Vielerlei
des Gassentreibens
plötzlich
eine Melodie

voll Sanftmut
aus
der Ziehharmonika

Im Hin- und Hergerissensein
des Herzens
eines leisen
Hoffnungsschimmers
Blüte

In der Unbeständigkeit
der Welt
der Same
Weihnacht
der zur Güte
werden soll
im
hoffenden Gemüt,
zum lieben Wort
zur edlen Tat
und zur Beglückung
ob dem Lichte
das er uns
verstrahlt

Weihnacht 2003

Wir alle ringen um Erfolg
in irgendeiner Weise,
sei's im Streben nach
den Lebensgütern,
sei's im Sport, im Forschen,
Besserwissen oder nur
im Schönersein als andere
im Welterscheinen.

Weihnacht will uns zum
Erfolg im Innenleben führen,
zum Betrachten allen Daseins
als ein stetes Schreiten
reiner Liebe zu,
die stärkt, verzeiht, verbindet
und bewusst den Geist
der Zuversicht verbreitet,
wie der Hoffnung auf
Erkenntnis dessen,
was wir sind

als Menschen auf dem
Weg zur Ehrfurcht vor
der sprossenden Natur,
zur Einheit mit dem Sein
und zum Glückseligsein in
Seinem wundertätigen
Umfangen.

Weihnacht 2004

Aus der Stille
zu den
stillen Menschenherzen
sendet jede Weihnacht
ihren Strahl

Aus der Fülle
in weitoffne Arme
will das Glück des
Himmels
sich ergiessen

Will den Völkern
Frieden bringen

in die Nacht
des Missverstehens
und der Sorgen

Über allem
Menschensein
sehn wir
den Stern der Liebe
sich erheben

der
im hoffenden Gemüt
die Wandlung wirkt

und in der Trautheit
eines Seelenaugenblicks
herzinniges Erlösen

Weihnacht 2005

Christus
als Vollender dessen
was wir sind
im Menschenwesen,
ist in unsre Zeit
geboren, um uns
Bruder, Schwester,
Retter, Vorbild,
Seinsbegleiter,
Heiler und
erhabener Beschützer
durch den
Generationenstrom
zu sein.

Sieh das Kind
als Same in
die Welt gelegt,
und sieh die Freude,
die es rings verbreitet
in den Herzen,
die schon Seine Grösse
ahnen und sich Ihm
vertrauen in der Tat.

Weihnacht
ist auch jetzt
der Anbeginn der Zeit,
in der die Menschen
wieder von dem
Weltengeiste wissen,
der uns schafft und lenkt,
und der ein wunderbares
Ziel hat mit dem
Menschheitsideal.

Ihm vertrauend
Seine Gegenwart erkennen,
sei dir Sicherheit und
Seligkeit zugleich
in deinem Weben,
Wirken und
Dem-ewigen-Licht-
Entgegengehn.

Weihnacht 2006

Der hellste Stern ist immer
der von Bethlehem gewesen,
unter dessen

Kraft des Strahlens
wir getrost und sicher
fürbass gehn.

Seine wunderbarste Seite
ist die Liebe, die sich uns
geheimnisvoll verstrahlt
und die wir täglich
weiterstrahlen dürfen.

Weihnacht ist Vollendung
unsrer Menschlichkeit
in liebevollen Zügen,
wie in der Gewissheit
dass wir damit der
Vollendung einer Menschheit
dienen.

Weihnacht 2007

Die Welt wird
reich und schön von dem
was sich zur Weihnacht
niedersenkt
in ihre Lebensgründe

als die Gottesliebe
die sich uns verschenkt
in einer wunderbaren Geste
des Versöhnens aller Gegensätze
im Allhier.

Licht und hell und heil
wird es in den empfänglich reinen Seelen,
die die Sprache der Unendlichkeit
zutiefst verstehn.

Voll Freude dürfen sie
die Liebesbotschaft
des Allherrlichen
in ihrem Sein empfangen.

Weihnacht 2008

Wird uns dieses Christfest
werden
zu dem, was tief das Herz
bewegt
und was man Liebe nennt
auf Erden
die uns den Himmel offenlegt

So wie wir's allezeit ersehnen
wo Frieden, Licht und Ruh
der Ängste Fuchtel
von uns nehmen
einem wundervollen Dasein zu

Wo Geschwisterschaft und
Güte walten
Seinsvertrauen Zug um Zug
und wir uns an das Zarte
halten
das der Herr in alle Herzen
trug

Weihnacht 2009

Wem gehört das Weihnachtsfest
zuinnerst an, wenn nicht den
Menschenherzen, die sich voll Grazie
an ihre Lebenswelt verströmen und sie

gefällig und gesellig,
friedevoll und heiter machen.

Was entzündet liebevoller
vieler Augen Strahlen, als die Güte,
die sich Menschen im Begegnen
schenken, indem sie ihres
Gegenübers Nöte recht verstehn.

Vielleicht auch du wirst jenen feinen Hauch der
Freude spüren,
den ein gutes Wort und eine
Geste der Verbundenheit
gebiert im lächelnden Vorübergehn.

Weihnacht 2010

Eine Angelegenheit des Herzens
ist die Weihnacht, denn sie will uns
gütiger machen, als wir vordem waren
und liebevoller allen Menschen
gegenüber, denen wir im Leben
zu begegnen haben.

Wie ein Same ist die Botschaft
Jesu Christi, der auf gutes Erdreich fällt,
wenn eine Seele sich daran erbaut
und aufblüht, einem Himmel des
Vertrauens, der Gerechtigkeit und
Friedefertigkeit entgegen.

Des Menschen Sinn soll sich dem
Gottessinn vereinen im Erkennen,
dass die Einheit allen Lebens
im Unendlichen ihr Ziel und
wonnevolles Ende findet.

Der gute Geist der Erde, Christus,
führt uns liebevoll voran und lässt uns
schliesslich unser Sein und Sinnen
in der Heiterkeit Elysiens vollenden.

Weihnacht 2011

Ein kleines Lied, wie fängt's nur an und soll ein Grosses werden. Es züngelt sich ein Flämmchen in der Seele lieb hinan von Geisteslicht und gottesfürchtigem Betragen.

Nun ist es da gar hell und schön und jubelt ihr Gesänge in wunderbar erhabne Höhn, wo es ihm dann gelänge, sein über alles helles Sein, wie eine Sonne zu verströmen, in jedes Menschenherz hinein, es mit sich selber zu versöhnen.

Immer in des Lebens virulentem Weben, ist das Lichte mit im Spiel, unser Sein emporzuheben zu des Himmels wonnevollem Ziel.

Weihnacht 2012

Die Geschichte der Menschheit ist immer von wunderbaren Hoffnungen und Sehnsüchten geprägt, die sie auf ihrem langgedehnten Weg durch ungezählte Generationen weiterbringen sollen. Besonders an Weihnachten hebt sich im Lichte vieler Kerzen das Verlangen himmelan nach Herzensgüte, Harmonie und Frieden, um die Menschen innig miteinander zu vereinen.

Wir dürfen in Christus als dem Gesandten des Gottesgeistes einen Verbündeten sehn, der uns hilft, unsere Nöte mit Anmut zu ertragen und, wo immer wir's vermögen, das Gute zu vollbringen.

In dem kleinen, hilflosen Kinde, das wir selber immer wieder sind, erkennen wir den Keim zur wahren Menschlichkeit und Tugend, der wir frohgemut und stetig, sanft und feierlich entgegenwachsen.

Was uns nottut ist die Herzensstille, in der wir immer neu das Glück des reinen Daseins ganz intim empfinden dürfen.

Weihnacht 2013

> Die Geburt des Ewigen
> im Menschensein zu feiern
> heben wir zu singen an
> mit allen Engeln, die
> die Weihenacht mit ihrem
> Lobgesang begleiten.

Weihnacht 2014

Was dich zur rechten Weihnachtsstimmung führen soll, ist der Geburtsstern, den ich mit eignen Augen, tief ergriffen, sehen durfte. Er bezeichnet jene Stelle auf der Welt, wo der Herr geboren wurde als das Christuskind in Bethlehem. Dieser Stern vermittelt dir ein wunderbar gesegnetes Empfinden von der weltgeschichtlichen Bedeutung der so gnadenvollen Gottestat. Christus Jesus ist erschienen, um das Erdenleben aller Menschen wieder mit dem Himmlischen, vom Gottesgeist erfüllten, zu verbinden. Das gilt auch für dich und deshalb darfst du deine Seele jubeln lassen ob der Weihung ans Unendliche, die dir zur Zeit der Weihenacht so liebevoll geschieht.

Weihnacht 2015

Jesaja begann das Kommende vorauszusagen. Die Weltgeschichte rollte grandios dahin, wo sich das Tragische und Tragende ereignen sollte, kaum von ihr bemerkt, im Jordantal. Der Stern ging auf und mit ihm die erlösende Gebärde Gottes, die nun fortwirkt in die kommenden Äonen. Willst du sie bemerken, frag Ich dich im Innern an? Willst du schauen, wie der Schatten Meiner Grossmut deine Erde wie ein Zeiger überstreicht, dem Unergründlichen entgegen? Es ist der Ernst der Weltenstunde, die das Knäblein dir gebiert, sowie die Niedrigkeit der Krippe, die dein Herz bewegen soll zur Liebe am gesamten Leben, wie zur Freude an der Grosstat des Allhöchsten, akkurat in dir.

Erwarme dich am weihnächtlichen Lichtgeschehn, überzeuge dich von der ereignisvollen Sanftmut Meiner Züge, die dich sachte in die Geistwelt führt, an der Mir so unendlich viel gelegen. Nichts besseres kann sich in dir ereignen, als die Umkehr, Meiner Gnadenfülle zu. Dem schattenlosen Licht sollst du entgegenstreben, dem Sein in der Wahrhaftigkeit der himmlischen Bravour, wie der Holdseligkeit der Universensphären. Dein Sein gleicht sich dem Meinen gütlich an und wird voll Dankbarkeit das Siegel der Gottseligkeit und Würde des Allhöchsten an sich tragen. Was dich weiht ist Christus, der Gesandte Meiner himmelweiten Geistkultur und, was du lernen sollst ist, seiner Hoheit tätige Ehre zu erweisen.

Prinzessin
Erzählung

Der Tag ging unaufhaltsam seiner Vollendung entgegen. Unser Land entzog sich dem feurigen Blick, die Hüllen der Helligkeit schwanden und öffneten dem Jüngling den tiefblauen Raum. Dann erschauten seine Augen im unermesslichen Dom die lichtvollen Sterne. Wieviele von ihnen hatte er wohl betrachten müssen, bis ihn ein wunderbar strahlender denken liess: Dort wartest du schon längst, Prinzessin, und würdest so gern zu uns auf die Welt kommen.

Dieser Gedanke beschäftigte ihn und bald ruhten seine Schritte auf dem einsamen Spazierweg. Das Mädchen neben ihm war ebenso versunken; ein wenig müde und traurig schienen beide.

Vielleicht wollte er sie nur trösten, oder mehr sein eigenes Gemüt erheben, als er mit liebevoller Stimme zu ihr sprach: "Du, denke dir jetzt auf einem jener Sterne eine kleine Prinzessin, unsere Prinzessin, und wir beide könnten einander einmal so gern haben, dass sie zu uns auf die Welt kommt." Da ward in ihrem Geiste ein neues Geschöpf. Staunend sah er seine Gabriela an und dachte: Was doch bloss Worte vermögen, so gläubig schön ist dein Gesicht geworden. In diesem Momente ahnte er zum erstenmal, wie sehr ihr ganzes Wesen sich nach einem Kinde sehnte.

Heute waren sie nahe zu einem Fluss gefahren, weil das Rauschen des schwarzen Wassers ihnen gefiel. O, er wusste jedesmal wohin sie gehen könnten, ein Stück weit mit dem Auto und dann zu Fuss. Er hatte seine Plätzchen: Für den heiteren Samstagnachmittag, den glanzvollen Sonntagmorgen, das zart strömende Abendlicht und die lauteren Mondnächte.

Wohl mochte er hie und da den Wunsch hegen, es sollte ihn nicht alles derart tief berühren; doch einmal musste er das in der Nacht Erlebte wie im

Traum in sein Notizheft schreiben:
Vollmondnacht, Traumnacht, Traumlandschaft, Traumsee – zauberhafter. Dass wir nur Augen haben, solch unerhörte Schönheit zu sehen: Durch die klar begrenzten Blätter und Wurzeln hindurch zweimal den Mond, im Wasser sich badend und wiegend, am Himmel, ruhig strahlendes Gestirn. Neben sich eine verfallende Burg, tief unten den See zwischen Felsen eingebettet, kostbar gefasst und behütet. Und dann die Bäume ringsum, die Stille, der Duft des Wassers und des hauchzarten Nebelchens und - darin das Verharren und Aufnehmen, ganz wach mit allen Sinnen, unauslöschliches Erlebnis; man wird von ihm gezeichnet und geprägt und voll Sehnsucht nach dem Unendlichen, dem Schöpfer dieser Schönheit.

Goethe-Nacht, Eichendorff-Nacht, die nur ein Dichter ewig machen kann; doch was sind Dichterworte gegen das, sie erlebt zu haben, diese Einmalige, die sich selbst in einem Jahrzehnt nicht wiederholt, aber nun da, heute, immerzu für die Menschen sich daran zu freuen: Paradies, verbliebenes, zurückerobert von der Reinheit und der Liebe.

Alles, alles hat sie heraufbeschwört, diese Nacht, ewig göttlich, innig menschlich, Blitz, gemessen am Ewigkeit, romantische, im Innersten erlebte, bedeutende Spanne Zeit, gemessen an unserem Erdendasein.

Der Schrei eines Nachtvogels, der mit der Stille Geheimnisse flüsternde Wind, die aus dem dunkelen Spiegelsee aufjuckenden Luftbläschen, zur Zeitenlosigkeit geronnene Minuten, traulich urmenschliche Wacht, dankende, liebende, weinende.

Was hat eine Frau doch für ein feines Gefühl, einen Tastsinn der Seele, der ihr offenbart, dass ihre Liebe nicht erwidert wird. Zu schwere, unbegreifliche Pein, schmerzlich offene Wunde, die erst nach langer Zeit vernarben wird; doch die Narbe, das Zeichen bleibt.

Ihre Körper, die Augen, die Wangen so nahe, aber die Seelen? Irgendwo, auf einer verlorenen Suche die eine, die andre so klar beobachtend, unsichtbar, weit, weit weg, vielleicht selbst nicht wissend, wie sehr sie das Unendliche, Schwerelose schon in ihren Bann gezogen hat. Ahnen des Schöpfers, beten, Dank stammeln.

Schönheit du, Mädchen, Natur, dargebotene Liebe; Liebe, die andere Liebe des Gottessohnes, ach könnten wir doch diese schon in ihrem vollen Sinn begreifen.

Mit den Lippen ihre Tränen von den Augen nehmen, irgendetwas ihrem grössten Schmerz entgegen tun. Lächeln? Lächeln, geben, übertragen, unbesiegbar, tröstend.

So hatte er das nächtliche Erlebnis aufgeschrieben. In ihrem Liebesschauspiel sollte fortan wie ein Grundton die Offenbarung klingen: Er wisse nicht, ob er Gabriela wirklich gern habe. Wochenlang dachte er kaum an sie; doch unverhofft erfasste ihn wieder ein warmes, drängendes Gefühl, von dem er sich zu neuen Nächten leiten liess. Derweil er dann im Bann der Sehnsucht eilte, ihr eine Freude zu bereiten, beflügelte der Atem grenzenloser Güte sein Herz. An solchen Abenden verband die beiden eine wunderbare Zärtlichkeit, und wenn sie sich umfingen, war er hellhörig für die leiseste Regung, um ihr sanft nachzugeben.

Wie unbegreiflich zart, hoch über und um uns schwebend, empfangend und gebend sind doch unsere Seelen. Nichts vermag der Verstand gegen die gewaltigen Mächte die liebend wissend unser bestes Schicksal leiten.

Leuchtende Sterne sind manche dieser Nächte in ihrem Erinnern. Er hatte schon früh genug sein Notizbuch zur Hand genommen, um darin den kleinen, lachenden Vollmond anzusehen und den Tag im Juni, der ihn zum Himmel bringen würde. So lagen sie dann eng in eine Decke geschlungen am Waldrand und wurden dort für Stunden zu einem Teil der Natur, deren Walten ihren Seelen einen tiefen Frieden gab. "Du", sagte Manuel voll Sanftmut, "soeben ist mir in den Sinn gekommen, wir könnten in einer solchen Nacht, bei den Tannen und dem vollen Mond, den Wolken und den Rehen unsere Prinzessin zeugen, und dann, sobald das Mädchen verständig genug wäre, zeigten wir ihm diesen Ort. O, wie müsste die Kleine das verschwiegene Plätzchen lieben, nachdem sie erfahren hätte, dass ihr leibliches Wesen von hier seinen Ursprung genommen."
   Es war eine heitere, laue Sommernacht. Kaum spürten die Liebenden die Stunden, deren sanfte Dauer ihnen den Morgen brachte. Doch dann, mit welchem Jubel im Herzen begrüssten sie die aufgehende Sonne. So gewiss hatten ihre Sinne noch nie den majestätischen Wandel des Erdballs wahrgenommen.
   Die Tage aber und die langen Wochen machten ihr das Warten schwer. Er liess sich einfach nicht mehr sehen und schien sie vollends vergessen zu haben. Eine bange Frage schwebte über ihnen: Warum denn hatte er noch nie zu ihr gesagt: "Ich hab dich lieb". Irgend etwas hinderte ihn daran, sich ganz vergessend hinzugeben; in seinem Inneren blieb immer eine rätselhafte Sehnsucht unerfüllt.
   Da war auch jene Nacht in der er mit dem kecken Mut der Jugend, spät und leise, sie in seines Vaters

Haus genommen. Wie fast immer handelte er nach einer plötzlichen Eingebung. Liebliche Mozartmelodien eröffneten den Reigen seiner Phantasie, worauf sie scherzend im traulichen Stübchen ihrem Verlangen ein Lager bereiteten. Seiner Verantwortung voll bewusst bewegte ihn unablässig die Frage, ob er denn mit seinem Tun vor dem unendlichen Gott bestehen könne. Er wusste keine Antwort und es blieb ihm nur dies eine: Seinen Schöpfer für alles was er tat, um Verzeihung zu bitten.

Nach langen, weitverzweigten Überlegungen und mit verhaltenem Zittern in der Stimme sagte er: "Gabriela, ich glaube, wir könnten einander unerhört wohl tun, wenn du deine beiden Herzchen entkleiden würdest und ich meine Brust," Aber sie wusste darauf weder ja noch nein zu erwidern. Erst nach langer Zeit, als es schien sie hätten das mit den Herzchen schon wieder vergessen, fragte er: "Sollen wir?" Da nickte sie stumm mit dem Kopf.

Doch so sehr ihn diese grössere Nähe denn beglückte, er war nicht wirklich glücklich, und er dachte sich auch, dass sogar die tiefste Vereinigung der Menschenkörper noch nicht das eigentlich vollendete Wesen der Liebe sein könne. Wie in einem Feuer schrieb er am anderen Morgen: Solche Nachte verwunden einem das Herz zu immer neu hervorbrechender Nach-Trauer. Wie lange wohl wird das so bleiben? Was sind denn diese Träume, die von der Wirklichkeit abgelöst werden und dann so sehr unser Unvermögen entdecken? Immer mehr, immer unverhüllter nah will man sich sein, und am Ende stellt sich etwas Ähnliches wie Rodin's Plastik mit dem Titel: "Vergebene Zärtlichkeit" dagegen.

Ist es die Tragik der Liebe, liegt's in ihrem Wesen, oder gibt es überhaupt dies Andere, wenn auch nicht restlos Vollkommene, so doch weniger Fragende?

Fehlte uns das Vertrauen zum All-Liebenden, wie bald müsste in uns etwas Innerstes ersterben, für immer ersterben.

Zutiefst glaubte er an das Gesetz über den Taten der Menschen, an das nie endende Schauspiel von Grösse und Elend, an den Unendlichen, der ihn zu allem geführt, was er war. Wenn er zurückschauend Stunden und Tage und Nächte bedachte und alle Leiden des Geistes und Freuden, da wollte er keine Minute in seiner Erinnerung missen.

Die gnädige Zeit ging an ihnen vorüber. Wie mit einem köstlichen Band wurden die beiden von der Prinzessin zusammengehalten. Was alles mochte in Gabriela geklungen haben, als sie nach einem einsamen Spaziergang schrieb: Ich sah in ihre reinen, tiefen Augen, sah ihr Gesichtchen, die kleinen Händchen; das leise Rauschen des Bergbaches wurde auf einmal zum silberhellen Lachen dieses Engels und plötzlich durchströmte mich ein unsägliches Verlangen nach ihm. Da schrieb er weiter: Und dieses Geschöpf wird einmal zwischen uns, von liebenden Händen geführt, über Baumstrünke steigen und der Abendsonne zulächeln und es wird uns für alles Warten, Hoffen und Glauben ein übervoller Entgelt sein und wir werden unentwegt wandern, vorbei an Schatten und Hecken, doch immer der Sonne zu und weiter, weiter, kurze, lange, kurze Zeit, bis uns die Sonne nur noch Licht, Licht, Licht ist. Gabriela, hab keine Angst. Ahnst du, dass ich dir bald zum erstenmal sage: "Ich hab dich gern." Und dann immer wieder, mit den Augen, den Gedanken, meinem innersten Gefühl will ich dir zujubeln:" Ich hab dich gern, du liebes, stilles, kostbares Wesen."

Wie mit den Gezeiten des unendlichen Meeres wirkte das Leben an ihnen; und also wurden sie, nach überwundenem Zagen, in ihren Briefen von flutender Freude getragen. Ja, es schickt uns das Leben hoch empfindsame Tage, die uns einen glitzernden Tautropfen ebenso wertvoll machen wie seine beständige Schwester, die Perle; Tage, an denen ein liebender Kartengruss uns berührt wie der plötzlich nah-ferne Flügelschlag einer Möve. Wir wissen und spüren die Freude wie Kinder, die spielend in allem was Form hat ein Lächeln sehn,

Doch in dem Wandel der Wellen sind wir auch zu schauriger Tiefe bestimmt. Bald plötzlich, bald leise beginnend, umfängt uns die dunkele Schwere der Traurigkeit. O, unerhörte Tragik unseres Mensch-Seins: Wenn wir so sinnen und bangen und fragen, dann ist das bestimmte Wissen um die Freude wie weggelöscht aus unserem Bewusstsein und unser Los in solchen Stunden ist, an allem was wir sind zu zweifeln, bis nahe an den Rand, den wir Verzweiflung nennen.

Nie vergisst er jenen Sonntag, an dem das Unbestimmte und Abgründige seiner Verbindung mit Gabriela ihn bedrückte wie ein ungeheueres Gewicht. Sie durchwanderten einen wundersam stillen Wald, als das hilflose und scheue Wesen seiner Gefährtin ihm verriet, dass ein namenloser Kummer sie quälte. Dazu trugen wohl ihre Verwandten bei, weil sie erklärt hatten: "Du bist ja nur sein Spielzeug, deine Schönheit liebt er, doch niemals kann er dich zur Gattin wollen." Das war ein Hieb, mit dem der schlimmste Schmerz verbunden war, der einer Frau geschehen kann, dass man mit ihrer Liebe spielt. Doch immer noch blieb ihm sowohl das Ja und Nein versagt. Wie rang er um die Worte, die ihm und ihr Erlösung brächten. Ohnmächtig stand er da und etwas rief in ihm: "Ich will dich nicht" und sogleich: "Werde meine Frau," Doch seine Lippen mussten schweigen. Im innersten betrübt ging eins vom anderen weg.

Einen langen Nachmittag verschloss er sich in seinem Zimmer und wurde bis zum Abend so wehmütig, dass er aufschrieb: Ich bin in einem Zustand, aus dem ich nach Erlösung schreie. Nicht verzweifelt bin ich, aber so unsäglich traurig, dass ich noch in dieser Minute meinen Kopf unter das Schafott legen würde, nur um erlöst zu werden.

Wie heilender Trost erfüllte dies Gebet seine Seele: O gütiger, allmächtiger Herr habe Erbarmen mit uns. Wir wollen Dich preisen, solang Dein göttlicher Atem uns nährt. Dir sind wir ähnlich und Du hast in unser Wesen ein unendliches Sehnen nach Liebe gelegt. Mögen doch unsere Tränen von diesem Ende der Welt zu Dir gelangen, damit Du an ihnen siehst, wie wir und alle lebendigen Völker ohne die Liebe nicht sein können. Erbarme Dich der weiten Augen, die Dich schauen möchten und doch Deinen Anblick erst ertragen, wenn sie für immer geschlossen sind. Umfange gnädig unsere gebundenen Seelen, die so sehr zu Dir gehören. Bleibe bei uns, wenn wir im Geiste leiden und lass uns nie ganz vergessen, dass wir einmal in Dein ewiges Reich eingehen dürfen.

O Vater, Du Liebe und Schönheit hast uns voll Erbarmen Deinen Sohn gegeben und derweil wir den Sinn dieses Geschehns nur leise spüren, sind wir im Innersten bewegt.
Aber ist nicht schon damit ein grenzenloses Vertrauen, ein Glaube in uns entstanden mit dem wir leben können, und sollen wir nicht mit jeder Bewegung unseren Schöpfer loben und ihm unser Höchstes und Edelstes darbringen:

Ja, lasst wie er, uns sehnend Ihm

entgegenleiden. Geschöpfe, wollen wir
dem Schöpfer zeigen, was er in uns geschaffen

O schaue, Herrlicher, in unsre Weiten
und freue Dich, wenn wir Dein Auge leiten zu dem
was lebend sich durch Dich bewegt

Du ruhe aus bei vielen Tagen, jeder Nacht
die wir mit frohem Tun zu Deinem Lob gemacht
und die uns unvergesslich bleiben

Lass durch die weite, bunte Welt Dein Sinnen
schweben und neige gnädig Dich um Seelen
aufzuheben, die fast gebrochen an dem Wege sind

Bei ihnen weile, Göttlicher und dulde nicht,
dass sie in Traurigkeit und ohne Deines Geistes
Licht zu ewigem Tode sinken

In der Nacht lag er mit offenen, feuchten Augen auf dem Bett. Da liessen ihn die ersten Donnerschläge eines herankommenden Unwetters aufhorchen. Wie eine Eröffnung waren sie zu der Feuerprobe des Geistes, die er noch zu bestehen hatte:
   Da ist sie, die Nacht und ein entfesseltes Gewitter. Die Natur windet sich unter zuckenden Blitzen und Schlag auf Schlag unter wahnsinnigen Donnerstössen. Was will sie wohl? Gebären oder gar sich selbst zerstören? Aufgeschreckt bin ich ans offene Fenster getreten, um die Zeichnungen des blendenden Strahls zu sehen. Da - lässt eine neue, furchtbare Helle mich denken: Wenn nun der nächste Blitz dir den Schädel spaltet, Mensch, bist du bereit? Doch ich wage keine Antwort. Nur das leise Flehen ist in mir: Herr, erbarme Dich unser. Und weiter denk ich: Wenn du nicht sofort vom Fenster zurücktrittst und gerade deshalb getroffen wirst?

Und ist es Gotteslästerung oder eine zu grosse, unsinnige Liebe? Ich bleibe zitternd stehen und kann das blendende Licht und die krachenden Schläge kaum ertragen. O, furchtbar bist Du, Schönheit, alles umfassende Schönheit, wenn Du Dich zeigst in Deiner Grösse.

Noch Tage nach diesem Erlebnis ging ich wie im Traum umher und horchte beständig, mit sinnenden Augen, der Erschütterung nach, die in meinem Geiste geschehen war. So nahe beisammen sind Jugend und Liebe, sind Leben und Tod, so sehnsüchtig die unendlich weite Menschenseele. Zu besonderen Zeiten mögen wir wohl an den Grenzen rühren, die uns auf dieser Erde gesetzt sind: Wenn wir ahnen, dass einmal alle Millionen von Wörtern zusammenschmelzen zu zwei leuchtenden Gestirnen: Liebe und Schönheit. Dann, Seele, darf sich dein durchscheinendes heiliges Wesen zu jenen wundervollen Welten erheben, die deinem Körper versagt sind.

Endlich, heimkehrend vom erdverlorenen Weilen, fand ich das Klavierspiel und die Töne wieder. Wie oft vermag doch die Musik eines begnadeten Künstlers uns aus einer Traurigkeit zu helfen, in der wir sonst versinken würden. Gar manchen schon hat die ruhige Sanftmut der Töne mit ihrer feingeschwungenen Menschensprache vor einem Abgrund bewahrt. O, nicht das Leibliche meine ich, aber etwas Unsägliches, das der Seele des Menschen geschieht, wenn er mit nur allzu gewisser Klarheit das ganze Elend in der Welt übersieht und ihn die Last dieses Wissens beinahe niedersinken lässt. Wenn einer so empfindet, wie müssen ihm da die klingenden Saiten, unendlich behutsam zuerst, aber dann mit beglückender

Überzeugung, das Schöne wieder aufzeigen, das ihm doch so nötig ist in seinem Leben. Und da die Töne solches vermögen, immer wieder, so ist auch schon durch sie die Welt besser und edler geworden.

Eine Handvoll Wochen kam und ging. Inständiges Beten führte ihn zur Besinnung und endlich zur Entscheidung. Er legte einen Bogen Papier vor sich hin und bekannte diesem Zeile nach Zeile seinen Entschluss. Langsam, zögernd faltete er das Blatt, derweil ein unerforschliches Lächeln, wie das der Sphinx, auf seinen Wangen erschien.

Er vereinbarte darauf ein Treffen. Vor dem Wegfahren überlas er nochmals den Brief, dann steckte er das entscheidende Schriftstück in die Tasche. Bald sass Gabriela neben ihm und der Wagen bewegte sich sanft wie ein Traumboot durch den glänzenden Sonntagmorgen. Für eine Weile glitten sie gemächlich über zartgrüne Auen, vorbei an Reihen von Zaunpfählen, dann wurden sie von heiterem Laubwald umgeben. Die beiden entstiegen dem Gefährt und bewunderten die grazilen Gestalten vor ihnen, so still in ihrem Dasein, als würden sie mit unerhörter Langmut irgendein Geschehnis erwarten. Unberührt vom Erscheinen des schweigsamen Paars bewohnten die schlanken Kronenträger ihre Sphäre zeitloser Ruhe, durch welche - da und dort - der faszinierende Pfiff eines Gefiederten flitzte. Gabriela gefiel das lichtvolle Märchenland. Selbstvergessen schlenderte sie neben Manuel an den Schäften der Bäume vorbei und lauschte den einfachen Stimmen der Natur wie köstlicher Musik.

Beinahe geschlossen war der weitgeschwungene Kreis ihres Spaziergangs. Da erblickte sie, hoch oben am Stamm, ein geschäftiges Eichhorn. Eigentlich hätte auch er das graziöse Tier bemerken sollen. Sie wandte sich zu ihm und entdeckte, dass er mit seinen Gedanken weit weg war. Diese Erkenntnis liess sie den schönen Ort allmählich vergessen, und ihre Überlegungen wendeten sich jener unablässigen Frage und Bitte zu, die sie vielleicht mit folgenden Worten hätte aussprechen können:

"Mein liebenswürdiger, verehrter Manuel, du bist wie ein lächelnder Stern in meinem Leben erschienen, im Mai vor einem Jahr, als ich in deiner Nähe Arbeit fand. Du gingst an mir vorbei wohl ohne mich zu sehen, ich aber folgte dir mit wachen Augen. Bald hier, bald dort erfülltest du mit Anmut deine Pflicht und schienst mir wie ein scheues Reh, verloren im Getriebe vieler Menschen. War es bloss Mitleid oder bald der Faden einer leisen Hoffnung, den ich heimlich zu dir spann. Ich fühlte mich mit jedem Tag, den mir das Schicksal schenkte, inniger mit dir verbunden. Da, plötzlich liessest du die Strahlen deiner Augen in den meinen ruhn. Straks schaute ich auf meine Arbeit nieder, doch dieser selige Augenblick gewährte mir ein Glück, das mir beinah das Herz zersprengte. Ahntest du wohl etwas von der blühenden Zärtlichkeit, mit der meine Sinne dich hüteten, empfing dein stilles Wesen den geheimnisvollen Ruf aus meiner Seele? Eines Tags als Regenströme sich entluden, fuhrst du mit einigen von uns und dann mit mir allein nach Hause. Wir kamen ins Gespräch. Bald gab es Tage ohne Regen, die uns beisammen sahen und so wuchs und reifte unsere Freundschaft.

Nun schaue ich dich an und nenne dich: Geliebter, eine reine Flamme brennt in mir und jede Faser meines Wesens strebt, bevor ich überlege, dir entgegen. Für dich nur bin ich hier, du liebenswerter Mensch. Verscheuche doch der Ungewissheit Schatten und nimm mich an, so wie ich bin, zu deiner Frau, mein ganzes Leben will ich dir's danken."

  Sie gelangten zum Auto. Ihre klaren Augen sahen wie er ihre Tür öffnete. Sie stieg ein, die Tür bewegte sich, schlug ins Schloss. Auf der andern Seite wiederholte Manuel für sich die stumme Zeremonie und sass endlich neben ihr.

So nachdenklich Freund, sie ahnte, dass er sprechen wollte. Doch seine Stimme versagte. Unerträglich wurde die Spannung. Sie brach aus in den Ruf "Du kannst mich ja fortschicken, wenn du willst. Ohne dass sie darauf gefasst war und mit unendlicher Sanftmut umschlang er sie mit beiden Armen und seine Lippen streuten Blumen von Zärtlichkeit über ihr Gesicht. Dann fasste er sich wieder, zog sachte einen Brief aus der Tasche, wog ihn lange auf den Händen und übergab ihn ihr. Mit bebenden Fingern entfaltete sie das Blatt und ihre Lippen lasen die Worte:
"Du, hoffnungsvolle Gabriela, nicht länger will ich Dich den Qualen der Ungewissheit überlassen. Ich denke an die vielen lieblichen Stunden, die wir zusammen erlebt haben. Bald schwebten wir in herrlicher Freiheit, wie zwei Vögel, dahin, bald bannten uns Trauer und Sorgen zur Erde. Doch unaufhaltsam näherten wir uns dem Ort einer gewissen Entscheidung. Du eiltest voraus; da war es an mir, darüber Klarheit zu gewinnen, ob Du meine Gattin würdest, oder nicht. Wieviele Zweifel und Schmerzen haben mich geplagt. Doch nun ist Ruhe in mir. Ich gebe Dir ohne Umschweife Bescheid, so wie Christus uns gelehrt hat, ja oder nein zu sagen und sage: N e i n"
  Da stockte ihr Atem. Das unmögliche Blatt entfiel ihren Händen. Einige Sekunden war sie starr, dann schrie ihr Mund einen Schrei hinaus in die Welt, den

durchdringenden Todesschrei ihrer getroffenen Liebe. Sie erkannte ihre eigene Stimme nicht mehr; sie war zum gesammelten Klageruf der verschmähten, mütterlichen Natur, zum Fanfarenstoss der den Schoss der Erde verschüttet, zum Urschrei des verworfenen Weibes geworden.

Hinaus wollte sie. An der Tür riss sie bis diese offen war. Schon wollte sie springen. Da wurde sie vom Ring seiner Arme umschlossen. In Verzweiflung und Angst rief er beständig ihren Namen. Seinen Kräften war sie nicht gewachsen, wurde allmählich ruhiger und flehte ihn an: "Lass mich nun gehen." Da glaubte er ihr, gab sie frei und sie wanderte wie ein Schatten über die Steine des Wegs. Er folgte zaghaft ihrem Rücken. Sie drehte sich um, kehrte wie eine Schlafwandlerin zu ihm zurück und blieb reglos vor ihm stehen. Ihre Augen sahen ihn genau an: Seine Wangen waren feucht und sein blosses Wesen verkündete Schmerz und Hilflosigkeit.

In diesem erhabenen Moment erkannte sie, dass er genauso hatte entscheiden müssen, einem rätselhaften Gesetz in seinem Inneren gehorchend, einer mahnend-oder ermunternden Stimme, der er mehr vertraut als seinem Verstand und deren Weisheit ihn wie ein strahlenden Stern durch die Wirren des Lebens führt.

Sie gingen zum Auto, fuhren zurück ins Dorf und sagten sich Lebewohl. Und die wenigen Worte des Abschieds glichen den verklärtesten Melodien einer vollendeten Sinfonie. Mit ihrem ergreifenden Klang offenbarten sie die reinsten Gefühle von Trauer, Vergebung, Dankbarkeit, Zuversicht, schwebender Hoffnung und Frieden.

Liederabend

5. November 2010 bei Ludwig Weibel
l7.November 2010 bei Brigitte Rentsch

Kompositionen: Karin Müller
Texte: Ludwig Weibel und Karin Müller
Sopran: Doris Haudenschild
Klavier: Brigitte Rentsch

Inhalt

Doris begrüsst die Gäste
Ludwig erzählt, wie er Karin kennengelernt hat.

1
Die Morgen- und die Abendröte

2
Du hüllest mich in soviel Schönheit ein
Ich lehne mich an einen Baum

3
Nun bist du mir zum Flüstern nah

4
Abends neun, **Maestoso**,
Abschiedsbrief, **le déluge**

5
Herr gib, dass unsre Liebe heilig sei
Ich bin ins Kleid der Stille

6
Spürst du die Sanftmut

7
Die Augen der Liebe durchdringen die Nacht

8
Spitalbriefe
Sternenmelodie

9
Himmelskönigin, Liebe, Licht und Leben
Es weht ein Schleier zu dir nieder

1

Ludwig erzählt, wie er Karin kennengelernt hat.

Im Jahre 1980 fügte es das Schicksal, dass sich die zwei Menschen: Karin Müller aus Genf und Ludwig Weibel aus Gossau kennenlernten. Beide waren verheiratet und so wurde der gegenseitige Kontakt während vielen Jahren fast ausschliesslich durch Briefe und Gedichte, die sie sich schrieben, aufrecht erhalten. Das war aber gerade das Milieu, in dem ihre poetischen Seelen sich so richtig entfalten konnten. Karins musikalische Begabung führte dazu, dass sie etwa ein Dutzend von Ludwigs Gedichten zu Liedern vertonte. Einige davon, zusammen mit ausgewählten Briefen und Gedichten, sollen Sie heute Abend zu Gehör bekommen.

Karin hat diese Lieder auch selber gesungen und hat sich dazu am Klavier begleitet. Da sie ihren eigenen Vortrag jeweils mit ein paar einleitenden Worten versehen und auch auf Tonband aufgenommen hat, können wir den Abend gleich mit der Wiedergabe von Karins Stimme beginnen.

(**Von einer CD** wird die Vorrede Karins zum Lied "Die Morgen- und die Abendröte" abgespielt.)

Lieber Frederic, das Jahr klingt aus; noch wehen ein paar letzte, süsse Töne an unser Ohr von der Jubelsinfonie der vergangenen zwölf Monate. Wir haben zusammen fibriert, zwei Saiten, die jede ihre ureigenste Melodie gesungen und die, zusammengelauscht, ein fein harmonisches, einstimmiges Lied zu den Sternen aufsteigen liessen; zu dem Meister, der diese beiden Saiten miteinander zum Schwingen brachte in einer göttlichen Resonanz.

Sterne. 1981 war unser Jahr der Sterne; wir haben sie in Überfülle in Wirklichkeit und als Symbol erlebt; wir haben sie mit ausgebreiteten Armen im Fluge aufgefangen; wir haben sie in unseren offenen Herzen getragen und sie haben aus unseren Augen gestrahlt. Sie glühen weiter in unseren Seelen und unseren Leibern und lassen dich und mich leuchtend in ein neues Jahr eingehen. Der Pfad wird wieder über hohe Berge und durch tiefe Täler führen. Aber nie können wir vom Weg abirren oder uns verlieren. Ihr kristallenes Licht verlässt uns nicht.
Du bist mein kostbarster Stern, glänzendstes Gestirn am Himmel meiner Welt. O leuchte weiter, meine Morgen-und Abendröte, tausendfach will ich dir danken mit der Hingegebenheit meines Lebens.

Doris und Brigitte: Gesang mit Klavierbegleitung zu: Die Morgen- und die Abendröte

Die Morgen- und die Abendröte
und alle Pracht des Himmels schenk ich dir
ein jede Schönheit die ich dir entböte
sei unsrer Wunderliebe Zier

Du hast in meinem Herzen aufgeschlossen
soviel Bewegtheit bunten Blühns
und unsre Sinne haben reich genossen
die Zauberfrüchte federleichten Mühns

Die einfach da im Raum des Liebens waren
indem der Wunsch sie wundervoll gebar
und uns in köstlichem Erfahren
zur besten Speise dienten zwar

So sind wir nun gestillt von Schmerzen
beim Liebesmahl vereint am Tisch der Welt

und tragen froh ein Dankgebet im Herzen
so wie's den Göttern wohlgefällt.
(Musiknoten Seite 111)

2

Ludwig liest:
Gossau, 9.8.1980

Du hüllest mich in soviel Schönheit ein
dass ich wie trunken bin dies Kleid zu tragen
es wallt ein duftend Strömen durch mein Sein
kaum find ich Worte wie zu sagen

Mein Stern bist du am Himmelsbogen
du meine Sonne dort wo sie am Mittag stand
es fühlt mein Herz sich aus dem Grab gehoben
seit es den Wohlklang deiner Liebe fand

Nun endlich darf ich blühen auf dem Feld
das du durchschreitest früh am Tag
wenn sich die junge Sonne uns gesellt
das Strahlenrad des Glücks das hinter Bergen
lag

Du trittst in lichten Hain für dich erbaut
und findest dort, dir sprudelnd jene Quelle
die nur das Herz der Liebenden erschaut
und eilst, schon trunken von dem Sang, zur Stelle

Dort spricht zu dir ein rätselhafter Mund
es leuchtet dir ein Antlitz das du nie gesehn
vollends verfällst du der Verzauberung:
der Dichtung reinstes Wesen fühlst du wehn

Und noch ist Frühling was die Zeit betraf
in der so viel Beglückendes geschieht
und selig sind wir wie nach langem Schlaf, was
wird erst, wenn das Jahr den vollen Bogen zieht

Ludwig erklärt:
Doris Haudenschild trägt jeweils die Briefe von Karin vor.

Doris liest:
Genf, 1.7.1981

Wir leben beisammen auf dem Stern der Poesie, wo Du die hohen Wellen meines Herzens mit Zauberworten zur Ruhe legst und alle dunklen Schatten, die sich uns nahen möchten, mit Deiner Dichtkunst beseitigst und soviel Licht und Schönheit schaffst, dass ich dauernd immer nur staunen kann und mich selig bei Dir niederlasse. Du bettest mich in die Gründe Deiner lichten Seele, der soviel Harmonie entströmt, und da darf ich den göttlichen Liedern lauschen, die sie mir singt. Frederic, ich habe Dir nichts anderes zu schenken, als mein warmes Herz. Nimm es.

Deine Carina

Doris und Brigitte singen und spielen:

Ich lehne mich an einen Baum
und schliesse beide Augen
da hab ich einen süssen Traum
der mich erfüllt wie Trauben

Mir ist du lehnest ebenso
genau mir gegenüber
am Stamm und machst mich herzlich froh
doch werde ich nicht klüger

Weiss nicht was das bedeuten soll
wir schauen beide ein
und zählen, wer wen suchen soll
und sind doch längst daheim

Noten S.112

3

Ludwig Gossau, 11.7.1980

Mit der Liebe die von allem Leiblichen erlöst ist, darf ich Dich lieben, ohne Furcht und ohne, dass ich mir Vorwürfe machen muss. Sie ist rein und heilig. In dieser Liebe umfange ich Dich mit dem Hauch unendlicher Güte, ich nehme Dir die Sorgen Deines Lebens ab und bin Dir Vater und Mutter ebensosehr wie ich Dein Geliebter bin. In ewigem Gleichmut verbinden uns die Gefühle der Sympathie, die wir zueinander hegen, wir sind einander lieb und gut in allen Gedanken, Worten und Taten. Beständig fühlen wir uns wie vereint, eins mit dem anderen und wie in Zärtlichkeit umschlungen. Und so Licht und einfach und beseligend ist unser Dasein in der Seelengemeinschaft, dass wir darob beständig die reinste, innerste Freude fühlen. Und diese unsere göttliche Liebe ist von Engeln behütet, dass kein Fehl ihr geschehe; ein Strahlenkreis von Sternen zirkelt sie ein und wir sind innig beglückt von ihrem sanftmütigen Leuchten.
Die Liebe die ich meine ist allumfassend. Wir schweben in ihr in erhabener Leichte. Jede Faser unseres Wesens ist von ihrem unendlichen Lichte durchdrungen und in ihr erreichen wir für immer und ewig den Zustand höchster Beseligung. Es sind

Sphären fraglosen Glückes die wir durchstreifen, Gefilde der sonnigen Heiterkeit, kristallhelle Träume, die tausendmal wirklicher sind, als unser zur Erde gebundenes Leben. In der Liebe der höchsten Erhebung sind wir vollends vom Atem Gottes umhüllt in sich grenzenlos öffnenden Räumen. Das ganze All, Gottes Kind und Geschöpf, ist von ihrem Fluidum erfüllt, in dessen duftender Zartheit wir uns wie im Märchen bewegen. Und sind wir uns fern oder nah, wir schenken uns Zärtlichkeiten geläuterter Art die uns wieder und wieder wie wohlriechender Nektar erlaben. Wir durchdringen uns mit der Gestalt unserer feinsten Gefühle, die, leichter als Schleier und Wölkchen, im Äther der Himmlischen schweben. Und wo wir auch sind, wir schauen mit strahlenden Augen des Geistes uns an und in der hellen Klarheit unserer Blicke, weiss sich eines vom andern im Tiefsten verstanden. Vertrauen gewährt es ihm, Freiheit und schenkt ihm das Mark seines Seins im verbindenden Strahl. Die höchste Schöne aber dieser Liebe ist das gemeinsame Dasein in zeitlosem Frieden. Umweht von sanften Winden der Seligkeit ruhn wir im Austausch subtiler Gefühle. Und lieblich und traulich ist jede Gebärde der Schönheit mit der wir uns nahm. Götterfrüchte sind es die uns nähren; in holdseliger Stille trinkt unseres Schauens Vermögen das Bild nie verblühender Blumenwiesen und was wir empfinden im lichtvollen Staunen und Sein, strömt ohne Behind'rung vom einen zum anderen über.

Und nimmer fühlen wir uns allein. Wir wissen uns friedvoll von geheiligten Genien umgeben. Und in der Gemeinschaft der edelsten Geister erheben wir anbetend unser Sinnen zum Gott allumfassender Güte, in dem unser Sein sich erfüllt; und unser Loben und Preisen vereint sich dem Gesang der

Myriaden, die vor Ihm in Dank und Bewunderung weilen.
Denn Er ist Anfang und Ende im Bogen der Liebe; in Seiner Allweisheit beschlossen ist jedes Bestehn. Und so war es und bleib es. In Zeiten und Räumen, in Glauben und Lieben wird jedes und alles in seliger Freude in Gottes Allherrlichkeit ruhn.

Doris
Genf, 15.8.1981

Frederic, geschieht es Dir auch, dass Dir einfach aus überströmender Liebe die Tränen kommen? Ich hab Dich tief in meinem Herzen und meine Gefühle sind mit einer solchen Inbrunst bei Dir, ganz hingegeben, rein und schön, ruhig leuchtend, makellos, ohne Wünsche, wenn nicht den, zu schenken, Dir zu schenken, mich Dir zu verschenken. Nimm meine Seele, mein grosser Geliebter, mein Lebensbaum, mein Gemahl, König und Gott, MEIN DICHTER, nimm sie an, sie war immer Dein, nur wusste sie es nicht. Jetzt hat sie Dich erkannt und lächelt selig und verträumt beim blossen Gedanken an Dich, sinkt unter in der Unendlichkeit Deines Wesens, in der Vielfalt Deiner Stimmungen, Talente, Phantasien, Tugenden und Kaprizen, die sie alle liebt, bejaht und sich nur manchmal, für Momente, die Hände vors Gesicht hält, wenn Du's gar zu bunt treibst. Du kannst sie erstaunen, verblüffen, berauschen, bezaubern, verwundern, zärtlich streicheln: in allen Lagen ist sie zu Dir hingewandt in verschwenderischer Liebebereitschaft, in Ehrfurcht und bebendem Erwarten und dies, oh Du, ich fühle es mit grösster Gewissheit, unablässig, bis sie den Körper verlassen muss, um Dich wieder anderswo zu finden und da zusammen mit Dir die Läuterung zu erstreben, die ihr auf Erden noch nicht gelungen ist. Ja, ja, es ist wie Du sagst, unsere Seelen wohnen ineinander und ergänzen sich wundervoll; darum, liebster Frederic, ist unser Leben Dein und mein Gedicht.

Je öfter ich Deine Gedichte lese und dem Zauber Deiner Stimme lausche, umso trunkener werde ich von Tag zu Tag ob der Schönheit Deiner Sprache, dem verhaltenen Schmerz und der Freude, die aus Deiner Seele tönen und mir so verwandt sind, als sprächest Du aus mir.

Hast Du nicht vor einem Jahr zu mir gesagt: „Unsere Liebe muss ein Kunstwerk werden." Jetzt sind wir mitten in der Arbeit, begeistert und hingegeben und streben demselben Idealbilde zu. Du wirst sehen, Frederic, was wir zusammen schaffen, wird uns zur reinsten Freud' erstehn.

Der Abend fällt schon über die Welt. Ich bin ganz weich gestimmt, wie verschmolzen mit Dir. Ich lege meine Lippen zart und verloren auf die Deinen. So bleiben wir vereint durch die Nacht in unendlicher Verzückung und stiller Seligkeit. (Es genügt mir, die Augen zu schliessen und schon geschieht alles wirklich und wahrhaftig wie ein wahr gewordener Traum.) Mein Herz ruft Deinen Namen in unsagbarer Liebe - hörst Du es? Frederic, Frederic.

Deine Carina

Ludwig:

Nun bist du mir zum Flüstern nah
ich kann dich greifen lieb mit Händen
und wärst du in Amerika
wirst du doch Freud mir spenden

Dein Köpfchen ruht in meinem Schoss
dass ich es zart liebkose
wie deine Augen blau und gross
du, meine zauberhafte Rose

Gar traulich hält die Kerze Wacht
mit ihrem feinen Schimmer
wohl durch die ganze sel'ge Nacht
verlösch sie uns doch nimmer

Noten S.113

Doris und Brigitte:

Nun bist du mir zum Flüstern nah.

4

Ludwig erklärt:

Das war nun durch viele Monate hindurch ein wahres Idyll, in welchem sich die beiden die schönsten Liebesszenen vormalen konnten. Aber wie bei allem, was das Gemüt betrifft, gab es da Höhen und Tiefen, die wiederum in Gedichten ihren Ausdruck fanden:

Ludwig

Gossau, 16.3.1982

Abends neun, die schweren Glockenschläge
schlagen wie mein Herz die Stunde an
in der ich die es innig lieb gewann
in ihm aufs zärtlichste erwäge

Wenn sie doch nur an meiner Seite läge
dass wir, ein überglückliches Gespann

in lichtdurchschossnen Paradiesen dann
verweilten, ach, was ich für diese Lust wohl gäbe

Doch, satt von Einsamkeit wird mir die Zeit zur Qual
die endlos lange Reihe der Sekunden tropft und tropft
und füllt mit Tränenbitterkeit des Herzens Gral
Wie Fremdlinge sind wir dem langen Leben aufgepfropft
Verirrte, die nur sich zu suchen sinnen im feindsel'gen Tal
bis ihnen unerbittlich ihres Schicksals Abschiedsstunde klopft.

Brigitte: Maestuoso   Noten S.114

Doris

Genf, 22.3.1982

Wenn meine Gedanken die Kraft besitzen, bis zu Dir zu dringen, dann hattest Du heute keine ruhige Minute, Frederic. Ich lebe bei Dir, mit Dir, Du bist mir gegenwärtig seit dem Verblassen der Sterne frühmorgens, dem Aufgang der Sonne bis jetzt, da die Welt aus der Dämmerung ins Dunkel glitt.

 Ein schöner Traum, von Sehnsucht durchtränkt, von einem - ach so unbändigen - Verlangen nach Dir erfüllt. Ich schliesse die Augen und fühle Deine Nähe, Deine Hände überfahren mich seidenweich, unsere Lippen liegen feucht und voller Seligkeit ineinander. Es gibt kein Morgen, es gibt keine Zeit, es gibt nur ein unablässiges Hindrängen unserer Bestimmung entgegen.

 Zum wievielten Male lese ich Dein wundervolles Sonett? und bin - wie Du - bewegt vor Schmerz und Freude. Deine Dichtung wächst und wächst an Tiefe und zarter, schönster Innerlichkeit. Du

begnadeter, geliebter Freund, Du trägst mich von einem Fest zum andern.
Ich berge mein Gesicht an Deinem Hals und bin still glücklich.

Deine Carina

Ludwig erklärt:

In diese wundersame Stimmung hinein stiess das Unvermeidliche, dass die Beziehung zwischen den Beiden von Ludwigs Gattin entdeckt wurde und sogleich zu einem unerbittlichen Entweder Oder geriet. Ludwig wollte seine Ehe retten, indem er sich schweren Herzens dazu entschloss, Karin einen erklärenden Abschiedsbrief zu schreiben und jede Verbindung mit ihr abzubrechen, natürlich nicht, ohne zum Schluss des Briefes einen Schimmer von Hoffnung auf später aufglimmen zu lassen.

 Als Reaktion auf diesen Abschiedsbrief hat Karin ihre Gefühle und Gedanken einem Tagebuch anvertraut mit dem Titel: **Blätter der Einsamkeit**

Doris:

Wohin treibt ihr mich, Winde, orkanische, alles versengende Stürme des Schicksals, die das Gehirn verbrennen, das Herz zerfetzen, die Seele wie einen zügellosen Papierdrachen in die Luft und dann zu Boden schleudern, wo sie zerschmettert liegenbleibt. Meiner Brust entspringt ein Todesschrei, Hohngelächter, spöttisches Lästern. Wer bist du denn, Gott, wenn du überhaupt bist, an den ich doch eben erst wieder zu glauben begann, dessen Stimme ich zu hören vermeinte, dem ich zaghaft und schüchtern, aber voll Hoffnung, wieder die Hand gab, was tust du?, soll das dein Plan sein?, nach welchen Massen wägst du ab, nach welchen Gesetzen verurteilst du? was haben wir getan? Schwer soll die Verantwortung auf euch, ihr sogenannt unfehlbaren Göttern, lasten. Und plötzlich überkommen mich die Tränen der Reue; ich winde mich in Asche, verzeiht mir meine Sprache, verzeiht mir meine Auflehnung, diese heftigen, teuflischen Gefühle, verzeiht, Verzeihung.

Todkrank liege ich auf der Erde, ein Bündel Nichts, ein bewegungsloses, zu Tode getroffenes Häuflein Fleisch, kaum Mensch zu nennen.

Oh Gott, man hat mir mein Ein und Alles genommen. Man hat meinen Geliebten verwundet, sein Herz blutet, und ich werde rasend vor Weh und Leid um ihn, denn machtlos stehe ich da - ihr Götter, was nun? Hilfe...

Nur Tränen kenne ich und einen unsagbaren Schmerz, der in meiner Seele tobt und mich zerfrisst. Ungläubig schaue ich ins Weite, erstaunt über soviel brüske Brutalität. Ich kann es nicht fassen; mein Liebster, an dem ich so gehangen, soll nun ins Tal des Schweigens versinken. Was wird aus unseren Leben nun werden? O wie ich mir den Tod herbeisehne!

Ludwig:

Nun senkt sich eine bange Nacht hernieder
auf unsrer Liebe blütenzarten Bund
kein Sternenlicht im weiten Rund
strahlt uns den Schimmer einer Hoffnung wieder

Verstummt sind alle Herzenslieder
die leise sang in übersel'ger Stund
am hellen Tage oder nächtens ein verliebter Mund
fahl ist und totenblass der Welt Gefieder

Wann wird uns eine Freudenknospe keimen
aus allertiefst gestecktem Gram
verklärt ein warmer Sonnenstrahl das Weinen

Der aus durchbrochnem Wolkenhimmel kam
noch sind vom schwer belastenden Verneinen
die kraftgebornen Schwingen meiner Seele - lahm.

Nun folgt ein Musikstück von Karin komponiert und mit dem Titel versehen: Le déluge, die Sintflut.
Und dazu der Satz: Zerstörerische Wogen überfluten die Atlantis. Die überbordenden Wellen überschwemmen und verschlingen das Land. Es herrschen Betrübnis und Hoffnungslosigkeit.

Brigitte: Le déluge   Noten S.115-116

5

Ludwig

Ein ganzes Jahr dauert diese Trennung, derweil die Beiden unablässig aneinander denken und sich ihre Gefühle in einsamen Gedichten vom Herzen schreiben. Nach einem Jahr frägt die Gemahlin von Ludwig, ob er noch mit Karin Kontakt pflege: Da kann er es ehrlich verneinen.
  Doch dieser kurze Wortwechsel wird ihm zum Signal, Karin wieder einen Brief zu schreiben. Und die Antwort darauf können Sie nun von Doris hören:

Doris

Lieber, liebster Ludwig,

zu neuem Leben hat mich Dein Brief auferweckt und während Tagen nun wiege ich jedes Deiner Worte beglückt in meinem Herzen hin und her und verharre in stiller Verzückung - in den goldenen, feinen Schleier eingehüllt, den Du um mich gewoben. Mir schien, jegliches Sprechen müsste den Zauberbann brechen, in den Du mich versetzt.

Wie ein Schlafwandler kam ich mir vor. Nein, nie hat jemand einen solchen Brief erhalten, selbst nicht Frau von Stein.

Hast Du meinem Schweigen gelauscht? Hast Du gefühlt wie ich über der Erde schwebte in einem weltentrückten Traum, den ich als Wirklichkeit in meinem Innern erlebte? O, wie kann ich Dir die süsse Freude des Wartens beschreiben, des Wartens bis das Echo auf Deinen beseligenden Ruf reif war. Jetzt erst darf ich Dir schreiben!

Ich bin gefesselt, gefangen von Dir, mit meinem Herzen und meiner Seele. Die Wurzeln meines Lebensbaumes haben den Nektar der Auferstehung in sich aufgesogen und der Morgen sieht mich als neuen, grünenden, blühenden Baum. Mit Dir sage ich lebensfroh: „Tag, nimm mich auf."

Oh Du: wie bebt alles in mir, wenn Du vom Busch, der Kette, dem Feldweg sprichst. Lebendig ist alles zurückgekommen. Wir gehen Hand in Hand in die Höhe zum Waldrand und Du erzählst mir die Geschichte von Judith und Holofernes. Ja, selige Stunden waren für uns auserlesen und wenn der Himmel es will, wird er uns noch einmal mit den Rubinen, Smaragden, Diamanten seiner Freuden überschütten und uns als zweistimmige Melodie unsäglich EIN LIED sein lassen.

O komm, lass uns singen!

Ludwig erklärt:
Nun hören sie, wieder vom Tonband, Karins Vorrede zum Lied:
Herr gib, dass unsre Liebe heilig sei.

Zur Weihnacht 1981
Lieber Ludwig, an jenem denkwürdigen Samstag, 24. Oktober war meine Seele in Stücke zerrissen. Dennoch, oder vielleicht deshalb durfte ich, einem unbezwingbaren Drang folgend, dein, unser Gebet in Musik kleiden. Es war die Geburt unter grössten Schmerzen des wohl schönsten unserer geistigen Kinder, ich danke dir dafür. Jetzt, in dieser Weihenacht, lege ich es dir, befreit von allem Weh in die Arme. Dieses Kind hat mich Langmut, Sanftmut, Liebe und Geduld gelehrt.

Doris und Brigitte:

Herr gib, dass unsre Liebe heilig sei
ein Sakrament, das Du in uns gegossen
und das geheimnisvoll uns zwei
zum Bund der Zärtlichkeit geschlossen

Du hast gesegnet uns für Zeiten
vor denen wir noch ratlos stehn
beschlossest, uns den Weg zu leiten
auf dem wir schon zusammen gehn

Und hast Du unsrer Sehnsucht Gluten
zu einem Feuerbrand entfacht
lässt Du nicht zu, dass wir daran verbluten
indem Du uns den Trost gebracht

Dass wir in Deinem reinen Sein
uns voll Beglückung licht erheben

zu unserm ewigen Daheim
vermählt in Sternenglanzes Weben

                                      Noten S.117-119

Doris und Brigitte:

Ich bin ins Kleid der Stille
vollkommen eingehüllt
und schon ist mir der Wille
von deiner Näh erfüllt

Da zaub'r ich in Gedanken
dein Bild vor meine Seel
viel Blättlein es umranken
s'ist schöne ohne Fehl

Und lächelt wie der Morgen
ein Feengebild im Wald
um das sich Elfen sorgen
und sanfte Winde bald

Es musst verschwinden
wieder wo es in Anmut stand
nun sing ich ihm die Lieder
die ich im Herzen fand

                                      Noten S.120-121

6

Ludwig:

Den Text zum nächsten Lied hören Sie wieder vom Tonband, von Karin Müller gesprochen:

Spürst du die Sanftmut
namenlos in meiner Seele

spürst du mein warmes Blut
und das verhaltne Seufzen in der Kehle

Lass mich dich wiegen an der Brust
und meinen Mund an deinen wie zum Becher halten
und trinken, trinken alle Lust die du voll Schmerz
für mich zurückgehalten.

Dieses wundervolle Gedicht, Frederic, ist dem Sommer entsprungen, der unsere Leben für alle Zeiten verwoben hat, der uns aber auch den Schmerz der Trennung doppelt empfinden liess. In diesem Gedicht liegen unsere Lippen zart aufeinander, zu einer nie endenden Liebkosung vereint, und davon dürfen wir zehren.

Doris und Brigitte

Lied: Spürst du die Sanftmut   Noten S.122-123

7

Ludwig

Die Augen der Liebe durchdringen die Nacht
und sehn dich im luftigen Kleide
Da hab ich dein Köpfchen mit Blümchen bedacht,
meine liebliche, adlige Heide * (Erklärung: Karins zweiter Vorname war Adelheid).

Und leg auf die Schulter dir sachte die Hand
dich gemächlich im Schritte zu führen
frühmorgens durchs sommerlich blühende Land
um die Frische des Taus noch zu spüren

Da hebt sich im Osten die strahlende Glut
uns wärmend mit freundlicher Minne
und wir sind einander so innglich gut
dass das Herz uns zur Freude gerinne

Doris und Brigitte:

Die Augen der Liebe durchdringen die Nacht
                                        Noten S.124

8

Ludwig erklärt:

Die Gedichte und Lieder, die Sie gehört haben, sind alle zwischen 1980 und 82, das heisst in den ersten Jahren der Beziehung zwischen Karin und Ludwig entstanden. Nun müssen wir, wegen der beschränkten Zeit, die uns hier zur Verfügung steht, einen bedeutenden Teil ihres gemeinsamen Lebens überhüpfen bis zum September 2003. Damals ist Karin, nach 23 Jahren ihrer Bekanntschaft von Mogelsberg nach Gossau in Ludwigs Haus umgezogen. Mitte Oktober musste sie plötzlich ins Spital und die Diagnose lautete: Gehirntumor. Ludwig war täglich gegen Abend ein paar Stunden bei ihr und er übergab jeweils beim Nach-Hause-Gehn der Abteilungsschwester einen Brief, den Karin am folgenden Tag zusammen mit dem Frühstück erhielt.

Zwei von diesen Briefen haben folgenden Wortlaut:

                                              18. 10.2003

Zur stillen Nacht
so leis und lieb bedacht
send ich Dir meines Herzens Grüsse

Zur Trauer das tiefinnige
Verbundensein mit Dir und
Deinem feingesponnenen Wesen

Zum Aufruhr der Gefühle
tiefempfundenes Vertrauen,
das die Ruhe bringt in Herz und Sinn

Voll Sehnsucht lange ich nach Dir
und lange nach dem Wunsch
Du mögest balde heil in meinen
Armen Dich befinden

Schöne Seele, meinen Segen
spend ich Dir und meiner Hoffnung
Stärke nach dem frohen
Wiedersehn

Dein Frederic

Ludwig:
27. 11.2003

Nimms für schön und ganz, wenn ich Dir sage, dass zutiefst nur eines zählt: Und das ist die Beziehung, die wir zum Unendlichen haben. Dann fühlen wir uns ohne Furcht und Zagen, lassen die Natur in ihrem Lauf bestehn und helfen ihr aus ganzer Seele, sich in Schönheit, Ebenmass und Liebe zu vollenden.
   Alles, was wir wissen sollen ist, dass wir in Gottes wunderwirkender Gebärde jederzeit geborgen sind und dass uns Seine Fülle in das Licht geleitet, dem wir angemessen sind.

Trost in Tränen, Würde in der Not vergibt Er uns, wenn wir Vertrauen zu Ihm haben und bereits das Wonnesein des All-Genesens in uns spüren.

Liebeswort vom Lulu

Ludwig erklärt:

Im Dezember kam Karins Familie, die beiden Söhne und die zwei Enkelkinder von Genf zu Besuch ins St.Galler Kantonsspital. Da hat die zehnjährige Enkelin zum Abschied von ihrer Grossmutter den wunderbaren Satz auf einen Zettel geschrieben:
(Si tu pars, bienvenue au paradis.) **Wenn du von uns weggehst, bist du im Paradies willkommen.**

Der Tumor war nicht zu heilen und so ist Karin Mitte Januar 2004 daran gestorben.
Ihre leibliche Hülle ist in Gossau bestattet worden.
Auf ihrem Grabstein aber steht der Spruch:

Ich höre dich sein
im Gelispel der Stille.
Du lauschest hinein
in die rosene Fülle
der alles durchströmenden
Sehnsucht

Es hat dich ihr Klang
ohne je dich zu fragen
glückselig und bang
in die zärtlichen
Arme der Liebe
getragen

Ludwig erklärt:

Nun hören Sie ein Klavierstück von Karin mit dem Titel: Die Sterne, Zeugen der Liebe, scheinen auf die alte Atlantis. Die Welt ruht im Frieden.

Doris spielt:

Die Sterne, Zeugen der Liebe.   Noten S.125-126

9

Ludwig erklärt:

Es ist wohl sehr nützlich und auch verbindlich, wenn wir uns in Gedanken beschäftigen mit denen, die vor uns in die andere Welt hinübergegangen sind. Und so ist es ganz natürlich, wenn der Poet Ludwig einen Brief an seine Karin im Jenseits verfasst, also:

Ludwig liest den Brief an Karin im Jenseits

24.9.2007

Als eine Himmelskönigin seh ich Dich walten, liebevolle Karin, in dem Reich, das nun für lange Zeiten Deine Heimat ist geworden. Tief bewegten Herzens sprech ich Dein Wesen jenseits unserer Begriffe an und lass mich von Dir durch das Land der Abgeschiednen führen. In holder Eintracht sind wir tief beglückt Vereinte der holdseligen Liebe, die uns weiterhin begleitet durch erstrahlende Unendlichkeiten. Deine Seele mit dem Wohllaut meiner heitersten Gefühle zu durchströmen, ist mein Los, Deines Wesens Gegenwart mit Andacht und Bewunderung zu grüssen, meine traute Pflicht in diesem wundersamen und bewegenden Begegnen in der Fülle unseres Daseins als des Geistes Kinder und der Geistwelt liebelächelnde Gespanen.

Ich bin Dir treu verbunden in des Herzens heil'gem Gral und labe Dich und lobe Dich mit Kräften himmlischen Gesangs, den ich in Dein Befinden senke. Leuchten, strahlen, liebreich lächeln sollst Du mir und sollst Dich mir vereinen in der Gunst der Stunde und der Gnade der Allherrlichkeit, die uns das Wunderbare still gewährt in seligem Genügen.

Ludwig erklärt:

Dann kann man noch einen Schritt weiter gehn, indem man einen Brief verfasst, wie ihn Karin aus dem Jenseits geschrieben haben könnte.

Doris liest den Brief von Karin aus dem Jenseits:

Liebe, Licht und Leben, ein Dreiklang der Holdseligkeit, den meine Seele Dir verströmt und sendet zweifellos in wunderbarem Einklang mit der göttlichen Natur. Getrost und heiter Bin Ich in der Mitte meines Wesens, Dein gedenkend wie dem Unaussprechlichen, das uns verbindet, seinsgewiss und wahr.

Hier find ich, was ich immer suchte, hier gewahre ich die Wirklichkeit unzähliger Gedankenwesen, die da sind und die ihr Sein behaupten immerdar. Wisse, dass ich Dir herzinnig gut bin, ohne jeden Abstrich durch die Zeiten meiner Abgeschiedenheit vom Weltenleben in der Lauterkeit des Ewigen, die uns zum einen Wesen und zur wunderbaren Zärtlichkeit vereint, mit der wir uns durchströmen.

Liebreicher Frederic, ich trage Dich fürwahr in meiner Herzensmitte und hüte immerzu, was Du mir bist, in Einfalt und Bewunderung, in Seelenseligkeit und Harmonie.

Lebewohl bedeut' ich Dir in Trautheit und Bescheidenheit und: Richte Deinen Sinn gedankenvoll nach mir und nach den gottgeweihten Sternen.

Doris und Brigitte:

Es sinkt ein Schleier zu dir nieder
berührte dich ein leiser Hauch
noch tief im Schlaf sind deine Glieder
und deine feine Seele auch

Es möchte dich mein Sehnen grüssen
das durch die Lande zu dir eilt
die nächt'ge Ruh dir zu versüssen
es traut an deinem Bette weilt

Wie gern läg ich in deinen Armen
die meinem Langen ferne sind
der Himmel muss sich doch erbarmen
dass unsre Liebe Frieden findt
Noten S.127-129

Ludwigs Schlusswort:

Damit beenden wir die Geschichte von Ludwig und Karins Schicksalsgemeinschaft, aus der so viel Schönes hervorging.

Ich danke ganz herzlich den beiden Künstlerinnen Doris Haudenschild und Brigitte Rentsch für ihren feinfühligen und gekonnten Vortrag und Ihnen allen für das aufmerksame Zuhören. Es gibt nun eine kleine Erfrischung, zu der ich allen einen guten Appetit wünsche. Besten Dank.

Ich bin ins Kleid der Stille

2. Ich saub're in Gedanken
   Dein Bild vor meine Seel'
   viel Blättlein es umranken
   's ist schöne ohne Fehl'.

3. Und lächelt wie der Morgen
   ein Feengebild im Wald
   um das sich Elfen sorgen
   und sanfte Winde bald.

LES ÉTOILES

Les étoiles, témoins d'amour, brillent sur la vieille Atlantide.
Le monde vit en paix.

Willkommen im Paradies

Einleitung

Die hier zusammengefassten fünfundsechzig Briefe von Lulu an Karin ins Spital, sowie ein kurz gefasster Lebenslauf, mögen dem edlen Kreis ihrer Freunde ein Bild vermitteln vom Hoffen und Bangen zweier Seelen, die im Grund genommen immer wussten, dass es in den dreizehn Wochen des Geduldens und Ertragens um Leben und Tod ging.

Die Briefe sind ein Dokument der Liebe und des trauten Beieinanderseins, das dann eben doch ein langer, liebevoller Abschied war.

L.W.

18. 10. 2003

Zur stillen Nacht
so leis und lieb bedacht
send ich Dir meines Herzens Grüsse

Zur Trauer das tiefinnige
Verbundensein mit Dir und
Deinem feingesponnenen Wesen

Zum Aufruhr der Gefühle
tiefempfundenes Vertrauen,
das die Ruhe bringt in Herz und Sinn

Voll Sehnsucht lange ich nach Dir
und lange nach dem Wunsch
Du mögest balde heil in meinen
Armen Dich befinden

Schöne Seele, meinen Segen
spend ich Dir und meiner Hoffnung
Stärke nach dem frohen
Wiedersehn

Dein Frederic

19. 10.2003

Das Haus ist leer, wenn Du nicht in ihm waltest. Ein banges Herz schlägt Dir darin entgegen. Wie wird es morgen sein und wie Dein künftig Leben.
  Ich sende Dir den Gruss der Liebe ins Spital und wohl in Deinen Schlummer, dass er Dich stark und gläubig mache an ein weises Schicksal, das uns alle weiter führt, dem ewigen Vollenden zu.
  Hab Dank für jedes Lächeln, das Du mir geschenkt und jeden Blick aus Deinen Sternenaugen.
  Müde geh ich endlich schlafen und verliere mich im Traum der guten Hoffnung auf ein freudig Wiedersehn.

Dein Lulu

20.10. 2003

Was will mir dies Ereignis sagen, soll die Seele sich und muss sie fragen. Ein vergänglich Glück das Leben und doch immer neu ein Auferstehn zu höherem Befinden und zum Seinsvertrauen offenbar,
  Wie schön zu denken, dass Du balde wieder wie in eine neugeschenkte Heimat heimkommst in die traulichen Gemächer, die so sehr den Ausdruck Deines Wesens in sich tragen.
  Wie empfang ich Dich mit offnen Armen, um das all so schön gewordne Leben in dem sagenhaften Haus zu pflegen und zu hegen, für und für.
  In Güte und Gelassenheit

Dein Lulu

22. 10. 2003

Jetzt liegst Du, Liebe, auf dem Schragen und die Welt entschwindet Deinem Sinn. Mit aller Seelenstärke ströme ich Dir Christuskräfte zu und sehe, wie die Strahlen hellen Lichtes das Geschwulst zum Schmelzen bringen.

Liebe, Licht und Güte machen vieles gut und stärken und beleben, was verwundet war, sodass wir dankbar überleben.

Unser Flehen rührt den Himmel an und er verzeiht und spendet uns den Wohllaut reinen Glücks in unseren Tagen. Komm und komm zu mir, ich will Dich als die Kostbarkeit in meinen Armen hüten und von allem Sorgesein befrein.

Dein Frederic

23.10.2003

„Denn Er hat seinen Engeln befohlen, dass sie dich auf ihren Händen tragen". Also wieder warten, warten und Vertrauen haben, dass die Sache gut herauskommt. Auf jeden Fall kommt sie gut heraus nach dem Willen dessen, der uns liebt und uns die Kinder seiner Liebe nennt.

Ich hüte Dich mit meinen Herzgedanken, liebe Karin, und begleite Dich durch dieses Sorgental, bis wieder auf den Höhenwegen neue Horizonte aufblühn und der Sinn des lastenden Geschicks uns stärkt zum tapfern Weitergehn. Ich fühle mich so lieb und sanft mit Dir verbunden und verehre, was Du bist und bleibst in Deinem zauberhaften Wesen.

Dein Lulu

26.10. 2003

Kommt es denn nach Gottes Wahl, so kommt es gut, uns innig zu genesen. Wir haben ja den Trost, liebe Karin, dass wir unter allen Umständen Wesen Gottes, Gotteswesen sind, die stets um Reinheit, Unbescholtenheit und strahlende Vollendung kämpfen. In diesem Sinne geht es um viel mehr, als um das Körpersinnliche, dem wir im Seinsbewusstsein unsern Schild und unsre Stirne bieten müssen.

  Demut und Vertrauen vor dem Höchsten helfen uns, die Prüfung zu bestehn und jetzt schon aufzuatmen in der Liebe, die uns wird gegeben.

Dein Lulu

27. 10. 2003
Wie schön, wie traut, wie leis und laut tönt uns die Kunde von der wohlgelungnen Operation ins Ohr und wie verheissungsvoll beginnt nun jeder Tag nach völliger Genesung.

  Ein wohlgestimmter Freudenton hat sich ins wehe Herz geschlichen, eine Sage sich verbreitet von Holdseligkeit des Seins in neuen Wundern, Wonnen und dezenten Sagenhaftigkeiten, die uns liebvoll ins Gemüte wehn.

Wir sind in Hieben und in Stichen ein erwähltes Paar und lassen uns die Zeit in Anmut und Geselligkeit verrieseln. Schöpfe du und schöpfe Kraft aus dem Besinnen auf das Schöne, das wir uns bereiten dürfen und sei darin wunderbar getröstet vom geliebten

Frederic

28.10. 2003

Noch ist die Stunde nicht gekommen, wo Du wieder hilflos daliegst, feiner Ärztekunst dahingegeben. Doch die Hoffnung trägt Dich himmelan, dass alles gut wird und dass balde nur die Narben zeugen von dem Unheil, das Dich jäh befiel, und eben auch die Herzensgüte, die Dich überwallte und das Seinsvertrauen, das sich Dir verstärkte im In-Dich-Gehn in dem Kreis der Sorgen um Dich her.
  Nun bist Du wie erlöst und dankbar für die Freundlichkeit der Vielen, die Dich auf dem schweren Weg begleiteten und Dir den Mut vergaben, der Dich führte.
  Traut und liebevoll umfang ich Dich, mein Du und lass Dein Wesen sanft in meinen Armen ruhn.

                                        Dein Lulu

28. 10. 2003

Ende gut, alles gut, flötet eine Lerche mir im Herzensgrund, liebe Frederica, und bestätigt mir die Ahnung vom unendlichen Genesen, das sich will und wird in Dir verbreiten.
  Eine Gabe der Natur, ein Ruf der Götter um Vertrauen muss es sein, was hinter allem steht und uns befördert und erquickt in unserem Lauschen.
  Die Seele hat's vernommen und trägts weiter ins Bewusstsein, dass wir liebevoll Gehegte sind von Himmels Gnaden, wie von menschlich zarten Händen, die uns dienst- und demutsvoll umgeben.
  Sei in Deinem Nestchen liebevoll umfangen und gegrüsst
                            vom treuen Frederic

31. 10.2003

Und dann die hellen Nächte, diese heilen, mit ihrem weichen, wohligen Verweilen, sind dem Seelensein ein Trost, der alle Ängste und Verwundetheiten liebevoll liebkost und sanfte Kühle spendet allem Herzensaufruhr.

 Welche Gnade, so zu sein wie die Erlösten von der Pein des tausenfältigen Sorgens, so eine Hoffende des nah'nden Morgens, dass der Tag vom Glücke strahlt, das sich behutsam um dich breitet, lichtvoll, wonnesam und schön.

Vom Lulu

1.11. 2003

In die Arche steig der fein Geretteten vor einer Flut der Ängstlichkeit, um was geschehen wird mit Dir. Hier bist du auf der Insel der Glückseligen, wo alles heiter ist und warm von Wonne, hell und klar.

 Dein Innesein ist, wie es in der Kindheit einmal war: Entzückt von jedem Blümlein, jedem Stein am Wege und von jedem Wässerchen, das unterm leicht geschwungnen Stege heimwärts fliesst ins Meer. Du wiegst Dich her und hin und her in tausend liebelichten Freuden.

Vom Frederic

2. 11.2003
La leggerezza della vita steht schon wieder an den Horizont geschrieben. Dein Häuschen vermietet, Brust, Kopf und Knochen gesund und gesalbt und dann die fabelhafte Aussicht übern Bodensee, (in der Reha-Klinik Walzenhausen) die Dir die Weiten einer neuen Welt eröffnen wird.

  So sehn wir mit Vertrauen auf das Kommende und dürfen Hand in Hand und guten Mutes weitergehn. "In Liebe begonnen, in Liebe vereint", steht auf dem Banner unsrer Zweisamkeit und tröstet uns in schweren Zeiten.

  Mit Frederic geht alles wie am Schnürchen und vollendet sich in Harmonie und Freude immerzu.

                              Dein Lulu

4. 11.2003

Gedanken sind's im Morgenlichterspiel, die Dich beglücken sollen, liebe Lula, dass die Welt sich wohlgefällig Dir zu Füssen legt und Du in ihre Schönheit eintrittst, wie in einen Zaubergarten.

  Immer kann die Seele sich dem Wunderbaren anvertrauen, das uns in der Güte alles Menschlichen umgibt und uns die Liebe eines Gottes lässt verspüren.

  Weide Dich am Sein, das Dir gegeben, hülle Dich in Hoffnung auf Genesung von dem Weh und lerne, in die Stille der Ergebung hinzusinken in Dein Schicksals Wohlgesinntheit und Befördern Deines Aufstiegs zum ersehnten Wohl.

Mit dir zu aller Zeit

                              Dein Lulu

4.11.2003

Was sich so rührend anhört, ist die Geschichte des Genesens, liebe Lula, wenn die Kräfte sachte wiederkommen und sich eines nach dem anderen zu neuem Glanz erhebt des Reagierens und Sein-Werk-Verrichtens wunderbarerweis an Dir.
 Dann klingt Freude auf ob jedem neuen Schritt, den Du getan und jedes Lebenszeichen wird wie neu entdeckt gefeiert in der Wohlbekömmlichkeit der Tage.
 Dann endlich bist Du wieder ganz Dein eigen und verschenkst Dich mir mit jeder Geste Deines Wesens voll Dankbarkeit und Liebe. 0 wie ist das schön.

Dein Frederic

5.11.2003

Es gibt noch, was man einen grossen Menschen nennt, den Würdigen, der sich zu einem Diener aller macht und sich als kleines Rädchen sieht im Planetarium der Fabelhaftigkeit, in dem wir alle uns bewegen.
 Wieviel Gutes hat er uns getan, wie fröhlich dürfen wir der Zukunft nun entgegensehn, infolge seiner Kunst, das Richtige in feinster Ziselierung und Geschicklichkeit zu unternehmen.
 Ein Kreis von Lebensfreunden hat sich so gebildet, die dem Unheil wunderbaren Ausgang und holdselige Zuversicht verleihen. Wie ist das licht und wunderschön.

Vom Lulu

6.11.2003
Karins Liebe ist ein wohlbekömmlich Zauberspiel, wie Harfentöne klingend mir von Seel zu Seele, von Begegnen zu Begegnen und vom liebenswürdigen Sich-gut-Sein zur Geselligkeit der Herzen für und für. Es ist die Gnade des Erweckens reiner Zärtlichkeit, die uns zusammenführt, das In-der-Stille-Weilen, wie der Lockruf der Natur, in der wir soviel Köstlichkeiten wonnevoll erleben.

Die Wohlgestimmtheit zweier Saiten klingt wie eine Himmelsmelodie durch Raum und Zeiten und erfreut die Menschenwelt in liebelichten Zügen.

Lululu

7. 11. 2003

Die guten Zeiten brechen erst noch an, liebe Lula, wenn die Vöglein wieder singen und die Tage warm und wärmer werden im Aprilius und wenn der neue Balkon uns in Festesfreud beisammen sieht.

Kraft von Kraft darfst Du erlangen, Mut und Lebenslust aus treuer Freundschaft mit den Deinen und den Dingen Deines Wohnquartiers. Es hebt Dich das Gewohnte himmelan und das Erlebte glänzt in milder Patina in Deines Überschauens Pflegestation.

Ich bin Dir lieb und gut aus Herzensgründen und erhabenem Befehl.

Dein Lulu

8.11.2003

Dann wird Dein Blick -dem eines Engels gleich- wieder strahlend auf mir ruhn und in dem meinen ganz versinken, seelenvolle Ruhe zeugend. Wie welke Blätter fallen alle Kümmernisse von Dir ab und lassen Dich in Deiner Urform neu erstehen, einer wunderbaren Frühlingszeit entgegen. Was in Dir gebunden und geschunden war, wir frei, was auferstehen wollte, feiert seinen Sieg in frei gewordnen Tagen und im feierlichen Dankgebet für Glück und Wonne, die Dir sind in vollem Mass zurückgegeben.

Fredericas Sonne ist schon wieder wohlgemut am Steigen und ihre lichte Wärme wieder Dein untrügliches Idol.

Dein Lulu

9.11. 2003

Wie schön, wie süss, Dich wieder chic und munter in der 'Chaise Dieu" zu sehn, (Erinnerung an eine berühmte Abtei im Périgord und zugleich an einen Lehnstuhl zu Hause, dem wir diesen Namen gegeben haben) im Zeichen des Genesens, liebe Frederica.

So wird bald aus dem Kommen ein Nach-Hause-Gehn und aus dem notgedrungenen Geduldigsein das unverzügliche Ergreifen Deiner Lebensdinge in gewohnt beharrlicher Manier. Doch mancher Tag wird uns noch still im Krankenhaus beisammen sehn, die Abendruh zu feiern und den Frieden des Vereintseins zu geniessen.

So hat alles seine guten Seiten, selbst das Weh, und so wird auch die Güte Deines Lebens wieder Vorrang haben und Bestand im glückerfüllten Wiedersehn.

Dein Lulu

10.11.2003

Chatterton (die Hauskatze) lässt grüssen, wackelt mit dem Schwanz und ziert sich, endlich mal hineinzukommen ohne Furcht und Zagen. Draussen aber schleicht er wie die leibgewordne Grippe durch die Büsch und Beete, um sich dann dem Sonnenbade hinzugeben, schnurrend, losgelöst von allem, was die andern so beschäftigt und nicht ruhen lässt im täglichen Bestreben, ihre Welt zu ordnen und allmählich gänzlich zu begreifen.
Frederica lernt verstehen, dass sie in den Händen der Natur ein Blümchen oder Zweiglein ist, das sie wie jedes Kleinod rundherum behütet und mit sich versöhnt in liebevoller Weise, heiter und gelassen, seelenselig, licht und froh.
         Dein Lulu

11.11.2003

Beide Daumen wieder aufwärts strecken darf man Dir, Du liebe, hoffnungsvolle Lula von der Pfalz. Es winken Dir noch viele süsse Sonnentage und gewähren Dir herzinniges Gedeihen.
Lulu sehnt sich schon danach, Dich wieder im Juhee der Villa wie ein Mäuschen still am Werk zu wissen und mit Dir dem Abend eine traute Weihe und Holdseligkeit zu geben. Also komm und komme bald, dass wir die schönen Tage nutzen und das bunte Herbstlaub auf den Bäumen leuchten sehn.
Innig grüss ich Dich, mein liebes Du und bin Dir immerzu
        Dein guter Lulu

11.11. 2003
Greisin hin, Greisin her, wir sind noch einmal davongekommen, denken sich Lulu und Lula. Und sie haben recht, wenn sie sich ausmalen, wie das Band der Liebe zwischen ihnen nie zerreisst und wie sie sich in Treue, Güte und Holdseligkeit auf immer helfen und beschützen werden.

Ich bin Du und Du bist mich in allbereiten Armen. Wir segnen uns und sind uns lieb und gut aus Herzensgrund und aus der Heiterkeit des Daseins, das es immer besser mit uns meint, je mehr wir ihm vertrauen.

Geh mit mir durch dick und dünn und weide Dich am Rosenrot des neuen Morgens, der uns anbricht, hoch und hehr.

Dein Frederic

12.11.2003

Wieder steht Geduld in grossen Lettern auf den Weg geschrieben. Ruhe will das Herz und ist doch aufgescheucht vom Nicht ganz Sicheren, das in der Luft liegt, wie der Ton der warnenden Sirene.

Komm einfach an mein Herz, will ich Dir sagen und verweile in der Andacht reiner Stille hoffnungsvoll bei mir, bis sich der Himmel klärt und alles wieder Freude singt und freudiges Erheben.

Noch einen Sommer, einen Winter lang wird Er uns geben und noch einen und noch manchen dann dazu. Und nimmer werden wir je voneinander scheiden.

Weiss Dein Lulu

13. 11.2003

Auf dem Schaukelpferd des menschlichen Gemüts: Vom Hier zum Dort ein kleiner Augenblick des Hoffnung Fassens - oder Allen-Mut-Verlierens. Nun, die Sterne stehen wieder auf Gelassenheit im Sich Gedulden, auf Abenteuerlust und Zuversicht, ans sich're Ufer zu gelangen.

Jede Stunde des Bei-Dir-Verweilens ist so schön. Das Leben ist zu einem neuen Sinngedicht geworden und die Knospen reiner Liebe schlagen aus im innern Frühling, den wir wunderbarerweis erleben.

Guten Tag, spricht Lulu Lula an und schenkt ihr Mut und Freude am geschenkten Leben.

Dein Frederic

14.11.2003

Il maledetto Cortison wirkt Wunder in Bezug auf Lulas Fingerspiel und in der Fähigkeit des Hirns, den Satzverlauf zu decodieren.

Die Hoffnung blüht und alle Traulichkeit der Welt kehrt wieder, eh die Weihnacht ihren Duft verbreitet und die Menschen die Versöhnung feiern mit dem Herrn, dem sie gehören.

Gesegnete sind wir von Seinen Gnaden, reich Beschenkte Tag für Tag mit allem, was wir brauchen. Also sei das Herz des Dankes voll in allen Situationen und beglückt vom Sein, in dem wir unsre Heimat haben.

In lautrer Liebe

Dein Lulu

16. 11.2003

Führen und verführen will der Phuu (der Verführer) uns weg vom roten Band ins Jenseits aller graden Dinge, wo wir jämmerlich zugrunde gehn. Doch wir, erhaben und gewitzigt, wie wir sind, verlassen uns aufs Kneten des gefügigen Plastilins und formen uns die Zukunft nach dem Gusto unsrer Willensmacht und unserer höchsten Ambitionen, nämlich: Fröhlich, frei, gesund und fromm zu sein im selben Masse wie geschickt im wackeren Spazierengehn. Das festigt Lula's Seele und erheitert ihren Sinn für's Kommende, das wie ein Fest des guten Willens rauschend durch die Wochen weht.

Im Namen Lulus

16. 11.2003
Eine "Vesper" für die Nonnen im Speisesaal? Phuu. (Bezieht sich auf ein mittelalterliches Kloster, in welchem die Nonnen die kirchliche „Vesper" während dem Zvieri im Speisesaal abgehalten haben). Wir ernten nix für unsre Seelen und gehn leer von dannen in den Sonnenschein. Da glüht und sprüht die Himmelsliebe auf uns nieder und strömt stracks ins Herz hinein der Seligen am Leben und am Sein.
So ist es nun ein Neubeginnen in der Zeit der Reife und der Ernte, dem wir uns in Dankbarkeit und Würde weihen, eine Spanne des Gewahrens neuer Freudenquellen, neuen Inniglich Verbundenseins in Trautheit und Erlaben. Heiter sei der Austritt aus den Stäben, voll Zuversicht der Gang zu neuen, rasch verflognen, in der luftigen Höh.

Dein Lulu

17. 11.2003

Grand Slam im Wartsaal Nummer 1208b. Mal up, mal down, doch immer schön dem Ziel entgegen: Aus dem Hochhaus und ins Appenzellerländle, (in die Rehaklinik Walzeuhausen) wo vorm Fenster sich die Geissen tummeln und der Bodan prächtig Dir zu Füssen liegt.

 Am besten wird dann Frederic im Hotel wohnen, was den Weg verkürzt zu den Besuchen bei der schlankgebliebnen Lula aus dem Fürstenländchen. Wohlauf, Du meine Liebe, drei Wochen fliegen rasch vorbei und spenden Mut und Kraft zu neuen Siegestaten.
Mit traulichem Herzen
Dein Lulu

18.11.2003
Der hat gut lachen, der noch durch die Gassen pfeift und nichts zu wissen hat von all den Vielen, die mit wehem Magen oder Bein darniederliegen in der Burg der tausend weissen Laken, Schürzen, Hemden, Pfühle.

 Uns aber ist das so vertraut geworden, dass wir trotzdem wieder lachen können ob der Infanterie von Spritzen, Schläuchen, Pillen, Flaschen und Kanülen.

 Einmal ist der Spuk vorbei: Zum letzten Mal das Blut, den Puls und den Urin gemessen und den Kopf in den Kanal gelegt. Ade.
Denkt Dein Lulu

19.11.2003

„Sursum corda - habemus ad dominum", ist jeden Tag zu sprechen für die Neuvermählten mit dem Sein, zu dem sie wunderbarerweis den Weg gefunden haben.
 "Wir schenken der Lula Gesundheit und Freiheit des Geistes, wenn sie uns liebt', sagen die Götter in ihrem Konzilium, "und wenn sie auf unseren Pfaden wandelt in Reinheit, Güte und Gedulden, Liebenswürdigkeit und Heiterkeit des Herzens, für und für." Der Tag ist himmelblau und eine schöne Aussicht öffnet sich dem Aug der Zuversicht in lichterfüllten Sphären. Das macht Lula stark und traulich, schmiegsam und gerecht am Sein, das sie durchströmt wie Traubensaft die Reben.

Denkt der liebe Lulu

20.11.2003

Christus, Lulu, Paquerette. Christus und Paquerette sind geistige Helfer für seelische Gesundheit und Frieden. Lulu hilft im sichtbaren Bereich und nährt die Seele mit Vertrauen und mit Einsicht in die ewigen Gesetze, die das Menschenherz zur Wonne reinen Seins im Erdenhimmel führen. Körperschwierigkeiten bescheren uns im nächtigen Schweigen die Erkenntnis, dass wir *sind* und wahrhaft nichts zu fürchten haben. Reine Liebe bleibt im Raum der Seele schwebend um uns stehn und bringt uns Heiterkeit und Glück des Daseins, immerzu.
In Traulichkeit und Güte

Dein Lulu

21.11.2003

Wir aber dürfen sicher sein, dass wir in unserem Bewusst-Sein auferstehn zum Herrn der Welten, zur Allherrlichkeit des Lebens und zur ewigen Heiterkeit. Und dies schon jetzt, in unsern schweren Tagen und gerade, um aus ihnen aufrecht und getröstet in die Sphären ewiger Freude einzugehn. Ein wunderbares Band der Liebe seh ich uns umfangen, liebe Lula, und ein Einigsein ist sanft und mild in uns gelegt von immerwährendem Erdulden dessen, was wir tragen müssen, von erhabner Zuversicht und von der Harmonie in stillen Stunden an der Quelle hehrer Weisheit unsrer Grossen.
0, wie will ich Dir von Herzen wohl.

Dein Lulu

25.11.2003
Sind die Nächte lang, so sind die Tage kurz und alles hat den rechten Hebel, liebe Lula, in der Folge der Begebenheiten. Schlaf, o Schlaf, du kostbar Gut; wenn du uns nicht geschenkt wirst, sind wir halbe Bürger und verlassen das Couchette, so wir wir's angetreten haben.

  Komm, du holder Jüngling der Barmherzigkeit an unseren Gliedern und entspanne sie, dass die Bewohnerin, die lichte Seele, in holde Träume sinken kann. Mach es doch wahr, was alle Welt so sehr ersehnt, dass die vollkommne Ruh die Kräfte wiederbringt, die wir so sehr ersehnen und lass des Leibes Fülle und Beweglichkeit des Morgens voller Tatendrang und Wonne wieder auferstehn.

Vom Lulu

26. 3. 2003

Auf dem Boden des Vertrauens wächst die Hoffnung, liebste Lula, und die Hoffnung macht gesund. "Mein wahres Ich ist schon gesund", darfst Du Dir sagen "und befördert, was dem Leibe gut tut, Tag für Tag". Und was die Seele tränkt, ist Dir mit jedem lieben Wort gegeben, das Du von dem Freundeskreis vernimmst und was Du selber Dir an gläubigen Gedanken und Beteuerungen vorhältst, um Dich endlich in den sichern Hafen neuen Wohls zu dirigieren.

Was Du bist ist Gottesgabe, Selbstgefühl und nie gebrochnes Seinsvertrauen, das die Angst vertreibt und Christus auf den Thron des Herzens setzt zu liebevollem Über Dich Verfügen.

Sinnt Dein Lulu

27. 3. 2003

Nimms für schön und ganz, wenn ich Dir sage, dass zutiefst nur eines zählt: Und das ist die Beziehung, die wir zum Unendlichen haben. Dann fühlen wir uns ohne Furcht und Zagen, lassen die Natur in ihrem Lauf bestehn und helfen ihr aus ganzer Seele, sich in Schönheit, Ebenmass und Liebe zu vollenden. Alles, was wir wissen sollen ist, dass wir in Gottes wunderwirkender Gebärde jederzeit geborgen sind und dass uns Seine Fülle in das Licht geleitet, dem wir angemessen sind.

Trost in Tränen, Würde in der Not vergibt Er uns, wenn wir Vertrauen zu Ihm haben und bereits das Wonnesein des Allgenesens in uns spüren.

Liebeswort vom Lulu

27. 11. 2003

Wie es auch sei, es sei in Dir geschehn, mein Herr", darf jeder Gläubige zum Himmel beten. So auch Du, Geliebte wunderbarer Zeiten der Gemeinsamkeit und des herzinnigen Einander-recht-Verstehns. Ich grüsse Dich, als wie vom Himmel zu Dir hingezogen und bereite Dir wie eine Wiege das Bewusstsein der Geborgenheit im Sein, von dem wir alle unsern Ursprung und die ewige Bleibe haben. Es überschatte Dich sein Flügel und gewähre Dir die Heiterkeit des Herzens noch in jedem Seelenweh und jeder körperlichen Tücke, die Dich mag bedrängen. Port der Hoffnung, Stern im Meere ist Sein Ruf nach unsrer Zuversicht im Streiten und nach unsrer Liebe im Die-Welt-und-Gott-Begreifen.
In tiefer Dankbarkeit für Dein Da-Sein   Lulu

1.12.2003

Darf man einmal recht aus vollem Herzen weinen? Ja. Das ganze Elend einer Lebenssituation hinaus- und dann hinunterschwemmen, wie's dem Menschen zugehört in seinen Nöten. Darf man sich nach Frieden sehnen von dem ewigen Auf und Nieder, von der Ungewissheit, was geschieht und von der Ferne vom Zuhause, das soviel Geborgenheit und Stille bietet, Tag um Tag? Miteinander weinen, ja das dürfen wir - um dann wieder Mut zu fassen und Vertrauen zu den Kräften der Natur, die alles, alles heilen und verklären wollen, bis in der Stunde des Genesens Freudentränen glitzern in der Sternenaugen Schöne.
Alles, alles ist so wahr

vom Lulu

2. 12. 2003

Um immer wieder Mut zu fassen sind wir da und um einander lieb und gut zu sein in diesen anspruchsvollen Tagen.

"Ich weiss, dass mein Erlöser lebt", ist ein Stossgebet des Seinsvertrauens und des Wissens um die Güte, die vom Himmel zu uns niederströmt von Leidenstag zu -tagen. Mir frommt, ein Vorbild der Verbundenheit zu sein mit jenen Geistern, die von Tapferkeit und Würde, warmer Anteilnahme und von Weisheit triefen. Nur das Gute wollen sie mit mir und meinen Treuen, nur uns auf dem höchsten Höhenpfad begleiten, den wir gläubig und gelassen gehn.

Voll Liebessorge Dein Lulu

3.12. 2003

Man scheitert nur, wenn man aufgibt', liebste Lula, habe ich soeben in dem Buch über Piccards Welt-Ballonflug gelesen. Also geben wir nie auf und lassen uns zugleich vom grossen Schicksal zur Vollendung unsres Abenteuers "Leben" führen.

Jede Geste, jeder treffliche Gedanke zählen und bewegen unser Herz zur Seinsgestimmtheit, die nicht wankt und weder Furcht noch Zagen kennt im Sich Entfalten unserer Biographie zur wunderbaren Lebensblüte, die dem Herrn ein Wohllaut des Beschauens ist in Seinen lichten Gründen.

Je t'embrasse

Dein Lulu

4. 12. 2003

Lula, liebe. Die Wissenschaft ist immer dann am Ende des Lateins, wenn sie durch Zellentötung Leben muss erhalten. Betrachten wir die Dinge aber nach den Seinsprinzipien, so sehen wir, dass Es sich ganz zuerst als Licht und Liebe offenbart. Eine wuchernde Zelle kann nun gesundgeliebt, d.h. in Licht und Liebe aufgelöst werden. Man könnte in diesem Sinne auch sagen, dass man einen Verbrecher, statt ihn zu töten, gesundlieben sollte.
Ich denke, dass die grossen Heiler nach diesem Prinzip verfahren und wir können diese unterstützen, indem wir immer bewusster dasselbe tun: Das Haupt mit Licht und Liebe füllen und damit alles Schattenhafte in ihm auflösen.

        So denkt Lulu für die Liebste Lula.

5. 12. 2003

„Nicht ich, sondern der Christus in mir", ein Ausspruch Rudolf Steiners, liebe Lula, der unser Menschenbild zu dem macht, was es sein soll in der Fülle und Erhabenheit der Evolutionen. Alle Schönheit, Weisheit, Tugend blüht aus uns hervor, wenn wir uns auf das Vorbild Christi in uns, das uns führt, errettet und erhebt, beziehen. Auch das Leidenvolle findet in Ihm seinen Sinn, denn es gebiert in uns Vertrauen, Demut, Hoffnung und den festen Willen, aus dem Erdverhaftetsein in das Bewusstsein absoluter Freie und Geborgenheit hinaufzusteigen. Wo wir uns vom Sein umfangen wissen, herrscht die Freude des Erlöstseins von dem Sinnentrug und die Glückseligkeit des Anschauns unsres wahren Wesens immerdar.

Spricht   Dein Lulu

6. 12. 2003

„Nicht ich, sondern der Christus in mir", welch tröstliches und verbindendes Wort, wenn man bedenkt, dass wir unter diesem Aspekt auch einen christlichen Einweihungsweg in unserem Lebenslauf absolvieren.

Was heisst damit Demut anderes, als dass wir uns derjenigen des Christus innewerden, der sich erniedrigt hat vor aller Welt, derweil in ihm das Gotteswesen lebte. Was heisst Leiden, wenn in uns der Christus wiederholt, was er schon liebevoll ertrug, um unserer Erlösung ins Unendliche den Weg zu bahnen.

Liebe Lula, sei nicht bang im Hinblick auf das Grosse, das Du nachvollziehst im Kleinen und gewahre den tiefinnigen Frieden, der daraus erwächst in Deinen Seelengründen.

Dein Lulu

7. 12. 2003

Nicht ein Mal, zwei Mal - immer sollen wir vertrauen und den guten Geistern über uns die beste Absicht zugestehn. Wir ringen um das Mensch-Sein und erleben es an den Extremen unsres Daseins, wo nur noch der Wille zum Gerecht- und Stark- und Liebenswürdigsein der Schale, die das Gute wiegt, ein Mehrgewicht verleiht, vor allem andern, das uns will beschweren. Liebe Lula, Fröhlichsein und Singen ist noch immer unser Ziel, und unsre Seele wird es auch erreichen, wenn wir tapfer und beharrlich unsern Weg des guten Willens und des Glaubens an die Rettungskräfte gehn.

In Liebe, Güte, Lebenslust und Zärtlichkeit

Dein Lulu

8. 12. 2003

Wenn das so weitergeht, liebste Lula, dann können wir am nächsten Sonntag auch das Schiff Konzert besuchen. (Klavier Rezital von Andras Schiff in Münsterlingen). Welche Freude, welches Glück, welcher Aufschwung Deiner Züge. (Karin musste dann, statt ins Konzert zu gehen, mit Schmerzen in der Nierengegend im Spital gepflegt werden.)
  Man sagt "Beethoven", um dem Kind einen Namen zu geben. In Wahrheit aber spricht die Götterwelt zu uns, der wir zuinnerst angehören.
  "Ich lasse Christi Licht und Heilkraft in mich strömen", feit Dich vor dem Übel und gewährt Dir Sicherheit und Ruh. Es ist ein stetes Üben und ein Auferstehen, das uns nottut, bis wir ganz bewusst in Göttersphären weilen.

Vom Lulu

8. 12. 2003

Wie wandelt sich der Sinn, wenn eine neue Lebensweise sich ergibt aus heiterm Himmel und aus weiss für was verschiedenen Motiven. Nur sich die Hände halten ist dabei schon schön und hütet mehr, als viele Worte, was wir sind im Geist der Einigkeit und des Vertrauens in die Zukunft, wie sie immer sein mag für uns zwei. Schweigend tragen wir, was uns bestimmt ist zu ertragen und erleben uns in unserer Gestimmtheit seeleninnig, licht und wahr.
Die liebe Lula möcht ich balde wieder frisch und fröhlich sehn und als ein Kleinod der Glückseligkeit in meine Arme schliessen.

Dein Lulu

9. 12. 2003

Wer trägt dich, liebe, lichte Stunde himmelan, wenn du als Dank erscheinst in weh'nden Lettern für das Grandiose, das in dir geschieht, dass eine Heimkunft möglich ist, nach soviel Leid und Sorge, Tag um Tag.
 Wir können hoffend jubeln, dass nun endlich doch noch alles gut und besser wird im so subtilen Wesen und dass keine Minderung verbleibt ob all dem rabiaten An-ihm-Werken.
Es liegt ein milder Segenshauch ob dem Geschick der Einen, die sich von soviel Güte, Liebe und Geduld umfangen weiss und selber Flamme ist der Zuversicht vor holden Götteraugen.

Vom Lulu

9. 12. 2003

Was will Es alles noch mit uns in fortgeschrittnen Jahren? Nichts als Weiterbildung in der Kunst des Lebens unter Schwierigkeiten und Beängstigungen, die wir glänzend, heldenhaft und seinsgalant zu überstehen haben.
Liebe Lula, schauen wir in uns die Mucken an, die wir noch abzulegen haben und gehorchen wir dem Anstoss, der uns zur Vollendung führt im Selbstvertrauen, Seinsvertrauen und im Lauter-Sein vor uns und vor der Welt, die unser Vorbild will kopieren.
 Gesund sein heisst, dem grossen Ich die Treue halten, das liebend in uns west und uns zur Freude führt im ewigen Bestehn.

Dein Lulu

16.12.2003

Noch immer schwillt die Liebe an zur schwergeprüften Lula, die so viel an Mut und gutem Willen braucht, um alles, alles schliesslich doch zu überstehn.
 Umfangen will ich Dich in reiner Güte und den Schutzwall meiner Flügel um Dich legen, dass Du wieder Kräfte sammeln magst, die Dich zum Heil von Leib und Seelensein erheben. Traut und traulich sollst Du Dich im Sein geborgen wissen allezeit und voll Vertrauen in die Zukunft gehn.
"Ich bin gesund im Grunde meines Wesens", sollst Du im Erkennen sehn und sollst die Christuskräfte in Dir wachsen lassen in den Stunden des Besinnens vor Dich hin.
Sagt Dein Lulu

17. 12. 2003

Extra vergine muss alles sein, was Dir entgegenkommt, liebe Lula, damit Du nicht noch mehr vergiftet wirst in Deinem Zirkulationssystem. Erstaunlich, was da alles mit der Menschenleiblichkeit getrieben wird, wenn sie sich nicht mehr selber heilen kann, mit phuu und phaa, Pastillen und geheimnissvollen Wässerchen im Schlauchgewirr. An die Seele muss man selber denken und sich täglich über Wasser halten mit sovielen Stossgebeten, dass die Zunge wund wird unversehns davon. Endlich wird es gut: Dann locken uns die Wälder in ihr Traumrevier und das Gespiel der Sonne auf den Blüten.
Voll Sorge um Dich
Dein Lulu

19. 12. 2003

„Siehe da, deine Tochter lebt", (Aus dem Oratorium Elias von Mendelssohn) wird wohl Elias zu Christus sagen, wenn Er Dich als Auferstandene sieht zu einem höheren Leben. Ja, das ist wirklich so, dass wir, indem wir uns ins Wesen Christi aufgenommen fühlen, auferstanden sind in Seine Wirklichkeit des Seins und sein Vollenden allen Menschenstrebens. Silberstreif am Horizont will ich da nennen, was uns aufblüht für die Zeit, wo uns die Tage wieder länger werden und der Stern von Bethlehem uns liebevoll begleitet auf dem Weg ins neue Glücklichsein in wonnevollen Armen.

Dein Lulu

21. 12.2003

Nichts wechselt rascher seine Richtung, als der Fluss der alternierenden Gedanken, liebe Lula von dem Bett des tätigen Geduldens. Hierhin, dorthin rückt uns die so viel versuchende, erbarmungslose Bilderschar und will uns von dem einen abziehn, das wir still und selbstbewusst im Herzen tragen: Von dem Bild der Einheit mit dem All und allen Weltendingen, die uns mild und wild umgeben.
Frieden herrscht in Ihm, weil Es sich niemals selbst bekämpfen kann in Seinen innersten Bezügen und Friede herrscht in jeder Menschenseele, die sich als das Sein erkennt und als unendlich reich Geborgene in Dem, der alles Ist und war.
In Liebe

Dein Lulu

22. 12. 2003

Nicht alle haben's so gemütlich wie der Frederic und Frederica im Spital. Wir dürfen dankbar sein, dass uns das Schicksal auch beisammen lässt, wo sich die Tage in die Länge ziehn und manche Nuss zu knacken ist im allgewaltigen Ertragen.
 Immer hält uns etwas wie ein inner Feuer wach, geschmeidig, mutig und vertrauensvoll auf Trab, dass wir den Boden nicht verlieren und die Drangsal überwinden. Kraft und Liebe strömt uns von den Göttern zu und von den Menschen, die in ihrer Güte unser Gutes wollen und uns helfen, jede Prüfung redlich zu bestehn.

Sinnt Lulu

26.12. 2003

Alle guten Geister rufen wir auf Dich herab, mein Täubchen, dass sie Dir die Kraft des Himmels bringen und Dir heilend und besänftigend zur Seite stehn.
 Mir kommt Hölderlins Gedanke in den Sinn: "Wo aber Gefahr ist, wächst immer ein Rettendes auch", und dies will ich Dir von ganzem Herzen und aus ganzer Seele wünschen.
 Vertrau dem Engel, der Dich schützt und führt zum Seinsvertrauen und erfahre die Gewissheit, dass Du immerzu geliebt wirst von dem Herrn der Welten, aber auch vom Frederic und allen Deinen Lieben, die Dich wieder heil und munter wollen sehn.

Dein Lulu

28.12.2003

So wunderbar beglückend ist es, wenn Du mir mit frischer, wohlgelaunter Stimme Deinen Morgengruss (am Telefon) entbietest, liebe Lula, dass die Hoffnung reich genährt wird auf ein heiles, liebevolles Wiedersehn.

So viel schon hast Du überstanden, dass auch für das Künftige die Zuversicht besteht, mit Hilfe aller, die Dich tatenfroh betreuen und mit Deinem eignen Lebenswillen noch ein gutes Ende zu erreichen dieser Prüfung in des Menschenwerdens Ziel.

Lieb und licht umfang ich Dich in Deinen Daunen und wünsche Dir von Herzen eine sinngeladnen Tag.

         Dein Lulu

29.12. 2003

Bald ist Feierabend für dies Jahr und alle Glocken läuten Amen. Doch unverzüglich künden sie ein neues an mit allen seinen Hoffnungen und Nöten. Arm in Arm geht Lulu mit der Lula dann spazieren und erobert jeden Tag ein Schrittchen mehr an Weite, Kraft, Entschlossenheit und Lebensliebe in dem neugebornen Paar. Es dämmert uns die absolute Einheit auf, in der wir unserm Schicksal zu genügen haben und der Sinn, der in dem Hilfreich Sein besteht von Mensch zu Mensch, von Volk zu Volk in seinen schweren Tagen.

Aus dem Dämmer ins Frohlocken tauchen wir des Seins im ewig heilen Selbstbewusstsein, das wir mit der Gottheit innehaben.
Weiss

         Dein Lulu

30. 12. 2003

Ich wünsche mir ein Fest der Stille mit uns zwei, wenn soviel Unverblümte ihre Zapfen knallen lassen und der Übermut den Ernst verdeckt, den uns der mitternächtige Zeiger ins Gewissen ruft nach Selbstbesinnen und Gelöstheit in der Ruhe frohen Daseins als im Jetzt des Augenblicks, das uns so viel bedeutet.
  Heimat haben will die Seele in sich selbst und in den Liebsten, die sie still und liebevoll auf ihrem Weg durch 's Zeitliche begleiten und ihr Gutes tun auf Schritt und Tritt im Leben.
Voll Sanftmut lass ich mich an Deiner Seite nieder, liebe Lula, und erheitre Deinen Sinn im wonnevollen Beieinander-Weilen.
Dein Lulu

31. 12.2003

„Nicht ich, sondern der Christus in mir", gibt uns Rudolf Steiner immer wieder zu bedenken. Und wie hilfreich ist es doch, wenn wir in nächtigen Stunden uns mit Dem verbinden, der soviel Liebes, Gütiges und Menschenwürdiges für uns getan und der soviel gelitten hat, um unseres geistigen Fortschritts willen. Wir leiden dann mit Ihm und stärken uns zugleich an Seinem Willen, alles wieder in die rechte Bahn zu bringen, die zum Vater führt, dem Sein, das allen Wesen innewohnt und sie belebt, beglückt und führt in allen Lebenslagen.
  Sei Dir und mir zulieb ein Christ-Kind voll Vertrauen im Gemüt.
Dein Lulu

1.1.2004

„Wie lieblich sind die Wohnungen des Herrn", darf der Vertraute sagen Seines Seins in ihm, liebe Lula, und darf seiner Sache sicher sein in allen Angelegenheiten seines Lebens.

  Ein jede Krankheit ist nur neben ihm und kann ihn nimmermehr im tiefsten seines Wesenseins berühren. So geht jede Not beschämt an dem vorüber, der da glaubt und den bewussten Kräften der Natur vertraut, dass sie ihm heilend beistehn auf dem Weg zurück ins wundervolle Leben und Frohlocken über jede Gabe, die es spendet, Tag für Tag.
Meint
                                        Lulu

3.1.2004

In der sanften Stille unsrer Abendstunden liegt so viel an Trautheit und Einander-tief-im-Innersten-Verstehn, dass wir sie nimmer missen mögen, liebe Lula.

  Beständigkeit im Wandel der Gefühle tut uns wohl und schenkt uns auch Vertrauen in den endlichen Vorübergang der schweren Zeit, die uns gegeben und genommen, was wir nie bedacht vordem.

  Nach Hause wirds nun balde wieder heissen und ins Glück des Beieinanderseins in wohlgefälliger Stille und Geborgenheit als einig Paar.

  Mehr bleibt uns nicht zu wünschen hofft

                                  Dein Lulu

2.1.2004

Ein Samen ist das Wort, ein Samen jeder neu gesendete Gedanke, der Wurzel fassen soll und neuem Antrieb dient zum Heil und menschlichen Vollenden.

  Sinnt die liebe Lula über ihre Seelenrätsel nach, so wird sie auch die Lösung finden und besonders dann, wenn sie den Engel ihres Seinsbehütens darum bittet.

  Alles wird erst gut, wenn wir uns nimmermehr blockieren und uns ganz der Gottesgüte anvertrauen, die uns führt und die uns wohl will unser Lebelang in guten, wie in schweren Zeiten.
Meint

                                Dein Lulu

4. 1. 2004
Mit namenloser Sanftmut haucht der Morgendämmerschein dem neuen Tag das Leben ein, die Freude, dass er Ist und dass er allen Menschen Licht und Frieden spenden kann in ihrem Ringen.

  Lula, liebe, Du *bist* auch, und nimmer kannst Du von dir selber scheiden. Eine grosse Bruderschaft des Seins umfängt uns alle und befördert uns in unserem Streben nach Glückseligkeit und Wonne in dem Dasein, das wir führen.

  Lernen, lieben, lernen jeden Tag ist die Devise, um uns selber und die Welt im tiefsten zu begreifen.
Voll Seele

                                Dein Lulu

6.1.2004

Sich nah sein ist alles, innerlich und äusserlich, liebe Lula, in dieser Zeit, wo scheinbar alles durcheinandergeht und dennoch Festigkeit verlangt wird im vertrauenden Gedanken, in der liebevollen Tat.
 Es strebt Dein Sein von Tag zu Tag dem Neu-Entscheiden für die Besserung zu, die tief im Glauben wurzelt und in Christi heilender Gebärde, die in uns allen Heimat hat und wunderwirkendes Begleiten unsrer Lebensbahn.
"Taue auf zu Mir", sagt Er "und freue dich an dem, was Ich verheissen habe, deinem Glück und deinem Auferstehen zu",
Mit Dir im Herzen

         Dein Lulu

7.1.2004

Und ewig währt das Sehnen nach dem Frieden der Geborgenheit in Seinen Händen, liebe Lula, nach der innigen Überzeugung, dass ja alles gut ist, was uns so geschieht und dass die Krankheit neben uns sich abspielt, wie ein Film in einem Kinosaal.
 Es schützen Dich die Engel und die helfenden Gedankenströme Deiner Lieben, die Dich mild und lind umfangen und immer nur Dein Bestes sehn.
 Die Güte Gottes strahlt Dir in den Morgen und verkündet einen heilerfüllten Tag.
 Voll Liebe

         Dein Lulu

8.1,2004

Was nun, liebe Lula, wir haben wenig Rat von Menschen, die ihr Möglichstes versuchten, doch einen Willen haben wir, das weitere, das uns geschieht, in die so weise, liebevolle Gotteshand zu legen. Mit jeder Geste des Vertrauens kommen wir Ihm näher, wir vergessen, uns zu fürchten und fühlen uns geborgen in der Sonnenhelle Seines Strahlens.

Geht es auf und ab mit uns, so halt uns Gott wie immer fest in Seinen Armen und wünscht, dass wir verzeihen können allen, die uns jemals weh getan.
Voll Liebe

Dein Lulu

9.1.2004

'Von guten Mächten wunderbar geborgen, erwarte ich getrost, was kommen mag. Gott ist bei mir am Abend und am Morgen und ganz gewiss auch jeden neuen Tag".

Diese Strophe aus einem Gedicht von Dieter Bonhoeffer, liebste Lula, im KZ geschrieben, berührt mich in unserer Situation besonders tief und möge auch Dich berühren. Es drückt die Haltung des "Sich nie Aufgebens" aus und ist ein Dokument des Gottesglaubens und der Seelenstärke, die wir doch so nötig haben.

Ich umarme Dich voll Zartheit und wünsch Dir einen guten, guten Tag.

Dein Lulu

Nach fünf Wochen Chemotherapie zeigte es sich, dass der Hirn-Tumor damit nicht wegzubringen war und die Ärzte für die Rettung von Karinas Leben keinen Rat mehr wussten.

Am 21. Januar 2004, mittags um 14.15 starb sie. Voll Sanftmut drückte Lulu ihr die Augen zu.

Wir geben hier ihren Lebenslauf wieder.
(Von Lulu beim Bestattungsgottesdienst vorgetragen.)

Dein Leben ist gelebt. Die grosse letzte Stunde hat geschlagen über Dir, Karin Müller-Saesseli, und hat vor Dir zugleich ein neues Reich - das ewige - aufgetan.

Dein Weg durch diese Welt begann am 5. Oktober 1935 in Wädenswil, wo Du mit vier Brüdern aufwuchsest und mit Deiner Daseinslust und Phantasie ein ereignisreiches, frohes Leben führtest.

Da trat in Deine Jugendjahre, als Du vierzehn warst, ein herbes Leid, als Deine Mutter, die Du innig liebtest, starb, was Deinen Glauben an das Ebenmass der Welt zutiefst erschütterte. Wie Balsam war's für Deine Seele, als Du dann im Stella Maris in Rorschach der Musiklehrerin und Menzinger Schwester Cäcilia Clara Meli begegnetest, die Dir mit ihren wunderbaren Talenten zum leuchtenden Vorbild wurde und Dir sowohl im Gesang wie am Klavier eine Ausbildung gewährte, die Dich durchs ganze Leben begleiten sollte.

Nach dem Stella Maris absolvierte Karin Müller eine kaufmännische Lehre, wobei sie ihr beruflicher Weg zu verschiedenen Stellen in der Schweiz und im Ausland führte. Dabei lernte sie in Zürich ihren künftigen Ehemann Wilfried Müller kennen. Das berufliche Engagement von Wilfried führte die beiden nach Genf, wo sie 1961 heirateten. Dieser Wohnort kam auch dem was Karin wünschte entgegen, denn sie wollte in der Nähe des "Pays de Seyssel" sein, wo sie als gebürtige Saesseli ihre Wurzeln ortete. Karin hatte ein faible für alles was französisch war. "Je déguste le soleil romand", schrieb sie noch im September letzten Jahres auf eine Postkarte, als sie wieder einmal in Genf weilte. Hier wo ihre beiden Söhne Mark und Patrick zur Welt kamen, von denen der erste Jurist und Politiker und der zweite Pianist und Komponist geworden sind, hier, wo sie bei internationalen Firmen arbeitete, au bord du Léman, wo sie in Puidoux im "Châtau rose" unvergessliche Jahre mit ihrer Familie erlebte.

Danach führten sie die Fäden des Schicksals in die deutsche Schweiz zurück, wo sie im Toggenburg und dann an zwei Stellen in St.Gallen bedeutenden Persönlichkeiten beruflich zur Seite stand und dabei auch ihre Talente als Übersetzerin mit Freude und Geschick einbringen konnte.

Karin war ein Schöngeist und unglaublich belesen, Ihre Seele war erfüllt von den Inhalten belletristischer wie auch geschichtlicher Bücher, wobei es ihr Rainer Maria Rilke, Herrmann Hesse und Stefan Zweig besonders angetan hatten.

Mit ihren vielen Bekanntschaften führte sie eine rege Korrespondenz in aller Welt, die von Anteilnahme am Schicksal anderer, wie auch von literarischer Schönheit geprägt war.

Nachdem die beiden Kinder ihren eigenen Weg eingeschlagen hatten, erwies es sich, dass die gemeinsame eheliche Aufgabe den hauptsächlichen Zusammenhang zwischen Wilfried und Karin gebildet hatte. Die verschiedenartigen weiteren Interessen der beiden führten die Ehe in ein freund schaftliches Verhältnis über, währenddem sowohl Wilfried wie Karin neue Lebenspartner gefunden haben.

Für Karin war das Musizieren eine ganz besondere Freude. Während vielen Jahren war sie eine begeisterte Sängerin, zuerst im Zürcher Kammerchor und dann im Stadtsängerverein St. Gallen, wo sie mithalf, den Palmsonntagskonzerten ihren Glanz zu verleihen.

Sie hatte auch vier Beistandschaften übernommen und pflegte jahrelang einen feinfühligem Kontakt mit den Betreuten.

Auf wunderbaren Ferienreisen, vor allem durch den Süden Frankreichs, la douce France, wie sie es nannte, durfte sie mit ihrem jetzigen Lebensgefährten, viele geschichtsträchtige Landschaften und Städte kennen und schätzen lernen, was ihr Leben reich und rund und voller Süsse werden liess. Feinfühlig war Karin auch für das geistige Leben, das uns umgibt. So konnte sie auf Wanderungen durch die Wälder des Toggenburg plötzlich stille stehn und leise sagen: Spürst du, hier sind Wesen der Natur, die unsichtbar an dieser Stelle hin und wider gehn.

Nun sind wir alle traurig und erschüttert darüber, dass wir von dieser faszinierenden Persönlichkeit nach so kurzer, schwerer Zeit Abschied nehmen müssen und wir sind geradezu gehalten, von ihrem Weiterleben und Wirken überzeugt zu sein. So reich und schön wie wir hier mit ihr verbunden waren, so werden wir's auch weiter sein, nämlich durch denselben Gottesfunken, der in uns allen ewig webt und lebt und der uns einig werden lässt im Sein an sich, dem wir zuinnerst angehören.

Karin, wir danken dir dafür, dass wir dich kennen und auf deinem Lebensweg begleiten durften und so viel von dir geschenkt bekamen.

Schliessen möchte ich mit einem Spruch von Karins zehnjähriger Enkelin Joanna, der so wunderbar und tröstlich ist, wie ihn eben nur ein Kind - oder ein Weiser - erfinden und der Welt verschenken kann: Sie schrieb ihrer Grossmutter ins Spital: Si tu pars, bienvenue au paradis. Wenn du von uns weggehst, bist du im Paradies willkommen.

Ludwig Weibel, geboren 1933
Lebt in CH-9200 Gossau/St.Gallen
Fernmeldetechniker HTL
Schriftstellerische Berufung zur
"Philosophie des Seins" für vife Geister.
Homepage: www.das-sein.ch